Neugriechisch
Grundwortschatz · Grundgrammatik

Neugriechisch ist gar nicht so schwer

Grundwortschatz. Grundgrammatik

2., durchgesehene Auflage

Hans und Niki Eideneier

Reichert Verlag Wiesbaden

Umschlagentwurf: Klaus Eckhardt

Bibliografische Informationen der Deutschen Nationalbibliothek
Die Deutsche Nationalbibliothek verzeichnet diese Publikation in der Deutschen Nationalbibliografie; detaillierte bibliografische Daten sind im Internet über http://dnb.dnb.de abrufbar.

ISBN: 978-3-88226-284-1
www.reichert-verlag.de

Printed in Germany

INHALTSVERZEICHNIS

GRUNDWORTSCHATZ

Grundlage des Wortschatzes ist das Griechische, nicht das Deutsche. Wörter, die im Griechischen aufgrund der Kriterien eines «Grundwortschatzes» als häufig erkannt worden sind, gleichzeitig im Deutschen in Kategorien abfallen, die unterhalb eines Grundwortschatzes liegen (Bsp. βελέντζα-Hirtenteppich, γύρος-Spießfleisch) wurden aus dem deutsch-griechischen Teil herausgenommen, weil sie dort wohl niemand erwarten und suchen würde. Auch bei Wörtern, für die im Griechischen zwei -nicht identische- Wörter für ein deutsches Wort auftauchen (Bsp. άνεμος und αέρας für «Wind») wird für den deutsch-griechischen Teil oft nur das gängigere Wort der Umgangssprache (Bsp. hier: αέρας) aufgenommen. Umgekehrt führten mehrere Bedeutungen für ein griechisches Wort im Deutschen zu einer Erweiterung des Teils deutsch-griechisch.
Der hier vorgelegte Grundwortschatz umfaßt ca. 3500 Wörter.
Die Verben auf -άω sind der entsprechenden Stelle zugeordnet, nicht, wie sonst üblich, zu -ώ.
Der bestimmte Artikel und damit das Genus wird nur für das Griechische angegeben.
Neben eigenen Studien zum Grundwortschatz war uns die «Basis Woordenlijst Nieuw Grieks» von A.M. van Dijk-Wittop Koning, erschienen bei Dick Coutinho, Muiderberg 1980, Nachdruck 1981, sehr hilfreich. Mit Erlaubnis der Autorin und des Verlags konnten wir unsere Wortliste mit jener vergleichen und abstimmen, wofür wir sehr dankbar sind.

α

αγαθός	naiv
άγαλμα, το	Statue
αγαπάω	lieben
αγάπη, η	Liebe
αγαπημένος	geliebt, Lieblings-
αγαπητός	lieb
αγγείο, το	Vase
αγγελία, η	Annonce
αγγέλνω	ankündigen
άγγελος, ο	Engel
αγγίζω	berühren
Αγγλία, η	England
Αγγλος, ο	Engländer,
-ίδα, η	-in
αγγούρι, το	Gurke
αγελάδα, η	Kuh
άγιος	heilig
αγκαλιά, η	Umarmung
αγκίστρι, το	Angelhaken
αγκώνας, ο	Ellbogen
αγνός	rein, pur
αγνώριστος	unbekannt, unerkennbar
άγνωστος	unbekannt
άγονος	unfruchtbar
αγορά, η	Markt, Innenstadt
αγοράζω	kaufen
αγόρι, το	Junge
αγράμματος	ungebildet
αγριεύω	wütend werden
αγρίμι, το	Wild
άγριος	wild
αγρότης, ο	Bauer
αγροτικός	ländlich
αγρυπνώ	wachen, wach sein
άγχος, το	Angst
αγωγιάτης, ο	Fuhrmann, Eseltreiber
αγώνας, ο	Kampf
αγωνία, η	Besorgnis
αγωνίζομαι	kämpfen
άδεια, η	Erlaubnis, Urlaub
αδειάζω	leer machen, leer werden
άδειος	leer
αδέξιος	ungeschickt
αδερφή, η	Schwester
αδέρφια, τα	Geschwister
αδερφός, ο	Bruder
αδιάβροχο, το	Regenmantel
αδιάθετος	unpäßlich
αδιάκοπος	ununterbrochen
αδιάκριτος	indiskret
αδιάφορος	gleichgültig
αδιέξοδο, το	Sackgasse
άδικα	vergeblich
αδικία, η	Unrecht
άδικο, το	Unrecht
άδικος	ungerecht
αδυναμία, η	Schwäche
αδυνατίζω	abnehmen (an Gewicht)
αδύνατος	schwach, unmöglich, mager
αέρας, ο	Luft, Wind
αεροδρόμιο, το	Flughafen
αεροπλάνο, το	Flugzeug
αεροπορικώς	(per) Luftpost
αεροπόρος, ο	Flieger
αετός, ο	Adler
αηδία, η	Ekel, Geschmack-losigkeit
αηδόνι, το	Nachtigall
αθάνατος	unsterblich
αθώος	unschuldig
αίθουσα, η	Saal, Raum
αίμα, το	Blut
αίνιγμα, το	Rätsel
άιντε!	auf gehts!
αίρ κοντίσιον, το	Klimaanlage
αισθάνομαι	(sich) fühlen, empfinden
αίσθημα, το	Gefühl
αίσθηση, η	Gefühl
αισιόδοξος	optimistisch
αίσχος, το	Schande
αίτηση, η	Antrag
αιτία, η	Ursache, Grund
αιώνας, ο	Jahrhundert
ακαθόριστος	undefinierbar
ακατάλληλος	ungeeignet
ακαταστασία, η	Unordnung
ακίνητος	unbeweglich
ακολουθώ	folgen
ακόμα (ακόμη)	noch
ακουμπώ	(sich) anlehnen

ακούραστος	unermüdlich
ακουστά, το έχω	gehört haben
ακουστικό, το	Telefonhörer, Hörgerät
ακούω	hören
άκρη, η	Ende, Rand
ακριβής	genau
ακριβός	teuer
ακριβώς	genau (Adv.)
άκρο, το	Äußerste
ακροατής, ο	(Zu)Hörer
ακρογιαλιά, η	Strand
ακτή, η	Küste
ακτίνα, η	Strahl
αλάτι, το	Salz
αλέθω	mahlen
αλεπού, η	Fuchs
αλέτρι, το	Pflug
αλεύρι, το	Mehl
αλήθεια, η	Wahrheit
αληθής	wahr
αληθινός	wahr
αλήτης, ο	Lump
αλίμονο	wehe
αλλά	aber, sondern
αλλαγή, η	Änderung
αλλάζω	ändern, verändern, wechseln
αλληλογραφία, η	Briefwechsel
αλλιώς	sonst, anders
αλλιώτικος	ander-
αλλοδαπός, ο	Ausländer
άλλοθι, το	Alibi
άλλος	anderer
άλλοτε	früher
αλλού	woanders(hin)
άλλωστε	übrigens
αλμυρός	salzig
άλογο, το	Pferd
αλοιφή, η	Salbe
αλυσίδα, η	Kette
άμα	wenn, als
αμάν	o weh
αμάξι, το	Auto, Wagen
αμαρτία, η	Sünde
αμέ!	und ob!
αμέλεια, η	Nachlässigkeit
Αμερικανός, ο -ίδα, η	Amerikaner, -in
άμεσος	direkt
αμέσως	sofort
αμηχανία, η	Verlegenheit, Ratlosigkeit
άμμος, η	Sand(strand)
αμμουδιά, η	Strand
αμοιβή, η	Lohn
άμοιρος	nicht teilhaftig
αμολάω	losbinden, lockern
αμόρφωτος	unentwickelt
αμπέλι, το	Weinberg
αμύγδαλο, το	Mandel
αμυγδαλές, οι	Mandel(n) (-entzündung)
αμύνομαι	sich verteidigen
αμφιβάλλω	(be)zweifeln
αμφιβολία, η	Zweifel
αμφισβητάω	bezweifeln
αν	wenn, ob
αν και	wenn auch, obwohl
ανά	pro
ανάβω	anzünden
αναγγέλλω	ankündigen
Αναγέννηση, η	Renaissance
αναγκάζω	zwingen
ανάγκη, η	Not(wendigkeit), Bedürfnis
αναγνωρίζω	erkennen, anerkennen
αναγνώστης, ο	Leser
ανακαλύπτω	entdecken
ανακατεύω/ ανακατώνω	mischen, durcheinanderbringen
ανακούφιση, η	Erleichterung, Linderung
ανακρίνω	untersuchen, verhören
αναλαμβάνω	(etw.) übernehmen
ανάλογα με	im Verhältnis zu
αναλογία, η	Analogie, Übereinstimmung
ανάλογος	entsprechend
αναλόγως	entsprechend (Adv.), je nach dem
ανάλυση, η	Analyse, Auflösung
ανάμεσα	zwischen
ανάμνηση, η	Erinnerung
ανάξιος	unwürdig
αναπαύομαι	sich ausruhen

αναπαυτικός	bequem
αναπνέω	atmen
αναπνοή, η	Atmung
ανπνοή, παίρνω -	Atem schöpfen
ανάποδα	umgekehrt, verkehrt
αναποδογυρίζω	(etw.) umkehren
αναπτήρας, ο	Feuerzeug
ανάπτυξη, η	Entwicklung
αναπτύσσω	(sich) entwickeln
αναρωτιέμαι	sich fragen
ανάσα, η	Atem
ανασαίνω	atmen
ανασκαφές, οι	Ausgrabungen
ανάσκελα	auf dem Rücken
ανάσταση	Auferstehung
αναστατώνω	auf den Kopf stellen
αναστεναγμός	Seufzer
αναστενάζω	seufzen
ανάστημα, το	Wuchs, Figur
ανατέλλω	aufgehen (Sonne)
ανατολή, η	Osten
ανατολικός	östlich
ανατρέφω	groß ziehen, erziehen
ανατροφή, η	Erziehung, Bildung
αναφέρω	erwähnen, melden
αναφορά, η	Gesuch, Bezugnahme
αναχώρηση, η	Abfahrt
αναχωρώ	abfahren
αναψυκτικά, τα	Erfrischungsgetränke
ανεβάζω	hinauftragen, hinaufbringen
ανεβαίνω	hinaufgehen, einsteigen
ανεβοκατεβαίνω	hinauf- u. hinuntergehen
ανέκδοτο, το	Anekdote, Witz
άνεμος, ο	Wind
ανεξάρτητος	unabhängig
άνεργος	arbeitslos
ανεργία, η	Arbeitslosigkeit
άνετος	bequem, gemütlich
ανέχομαι	ertragen, dulden, zulassen
ανεψιά, η	Nichte
ανεψιός, ο	Neffe
άνηθος, ο	Dill
ανήκω σε καπ.	einem gehören
ανήλικος	minderjährig
ανήσυχος	unruhig
ανησυχώ	beunruhigt sein
ανηφοριά, η / ανήφορος, ο	Aufstieg, Steigung
ανθίζω	blühen
ανθισμένος	blühend
άνθος, το	Blume, Blüte
ανθρώπινος	menschlich
άνθρωπος, ο	Mensch
ανοησία, η	Dummheit
ανόητος	dumm
ανοίγω	öffnen, aufmachen
άνοιξη, η	Frühling
ανοιξιάτικος	Frühlings-
ανοιχτός	offen
ανταλλάζω	austauschen
ανταλλακτκά, τα	Ersatzteile
ανταμώνω	jem. begegnen
αντάμωση, η	Wiedersehen
καλή αντάμωση!	auf Wiedersehen!
άντε!	auf gehts!
αντέχω	aushalten, ertragen
αντί (για)	anstelle (von)
αντίδραση, η	Reaktion
αντίθετα	im Gegenteil
αντικείμενο, το	Objekt, Gegenstand
αντικρίζω	entgegenkommen
αντικρινός	gegenüberliegend
αντίκρυ	gegenüber
αντιλαμβάνομαι	merken, wahrnehmen
αντιμετωπίζω	zu tun haben mit, entgegentreten
αντίο	adieu
αντιπαθώ	j. nicht leiden können
αντίπαλος, ο	Gegner
αντίρρηση, η	Einwand
άντρας, ο	Mann
αντρείος	mutig
αντρόγυνο, το	Ehepaar
ανύπαντρος	unverheiratet
ανυπόμονος	ungeduldig
ανυπομονώ	ungeduldig sein
άνω κάτω	durcheinander, drunter u. drüber
ανώτερος	höher, Vorgesetzter
αξέχαστος	unvergeßlich

αξία, η	Wert
αξίζω	wert sein
αξιοθέατα, τα	Sehenswürdigkeiten
αξιόλογος	bedeutend
αξιοπρεπής	würdig, anständig
άξιος	fähig
αξιωματικός, ο	Offizier
αόρατος	unsichtbar
απαγορεύεται	es ist verboten
απαγορεύω	verbieten
απαισιόδοξος	pessimistisch
απαιτώ	verlangen, fordern
απαλός	zart
απάντηση, η	Antwort
απαντάω	antworten
απαραίτητος	unbedingt notwendig, unerläßlich
απάτη,	Betrug
απειλώ	(be)drohen
άπειρος	unerfahren
απελευθέρωση, η	Befreiung
απελπίζομαι	verzweifelt sein
απελπισία, η	Verzweiflung
απέναντι σε / από	gegenüber
απέξω	(von) draußen
μαθαίνω απέξω	auswendig lernen
απέραντος	unendlich
απεργία, η	Streik
απέχω	sich fernhalten, entfernt sein
απίδι, το	Birne
απίθανος	unwahrscheinlich, ungewöhnlich
απίστευτος	unglaublich
απλοϊκός	einfältig, schlicht
απλή, η	Normalbenzin
απλός	einfach
απλούστατα	ganz einfach (Adv.)
απλώνω	ausbreiten
απλώς	einfach (Adv.)
από	von, aus, seit, ab, je
απόγε(υ)μα, το	Nachmittag
απόγνωση, η	Hoffnungslosgkeit
απογοητευμένος	enttäuscht
απογοήτευση, η	Enttäuschung
απόγονος, ο	Nachkomme
απόδειξη, η	Beweis, Quittung
αποδείχνω	beweisen

αποδίδω	etw. auf etwas zurückführen
από δω και εμπρός	von jetzt an
από δω και πέρα	von jetzt an
αποζημιώνω	entschädigen
αποθήκη, η	Vorratsraum
αποκαλύπτω	enthüllen, aufdecken
από κάτω	unten
αποκλείεται	(es ist) ausgeschlossen
αποκοιμάμαι/ούμαι	einschlafen
Αποκριά, η	Karneval
αποκρίνομαι	antworten
αποκτάω	erwerben
απολαμβάνω	gewinnen, in den Genuß kommen
απόλαυση, η	Genuß
απολυτήριο, το	Abitur
απόλυτος	absolut
απομακρύνω	entfernen
απομονώνω	isolieren
απορία, η	Zweifel, Erstaunen
απορώ	nicht verstehen, im Zweifel sein, sich wundern
αποσκευές, οι	Gepäck
απόσταση, η	Abstand
αποτέλεσμα, το	Ergebnis
αποτελούμαι	bestehen aus
απότομος	steil, plötzlich
αποτυχαίνω	mißglücken
αποτυχία, η	Mißerfolg
απόφαση, η	Entschluß, Beschluß
αποφασίζω	beschließen, sich entschließen
αποφεύγω	(ver)meiden, entkommen
αποχαιρετάω	sich verabschieden
απόχρωση, η	Nuance
αποχωρητήριο, το	Toilette
απόψε	heute abend
άποψη, η	Ansicht
απραξία, η	Untätigkeit
απροσδόκητος	unerwartet
άρα, άραγε	somit, demnach
αράζω	vor Anker gehen
αργά	langsam, spät
αργοπορία, η	Langsamkeit

αργότερα	später, nachher
αργυρός	silbern
αργώ	zu spät kommen, sich verspäten
αρέσει, μου	gefallen, mögen
αρετή, η	gute Eigenschaft
άρθρο, το	Artikel
αριθμός	Zahl, Nummer
αριστερά	links (Adv.)
αριστερός	link-
άριστος	bester
αριστούργημα, το	Meisterwerk
αρκετά	genug (Adv.)
αρκετός	genügend
αρκούδι, το	Bär
άρματα, τα	Waffen
αρμέγω	melken
αρμυρός	salzig
αρνητικός	negativ
αρνάκι, το	Lamm
αρνί, το	Lamm
αρνούμαι/αρνιέμαι	sich weigern
αρπάζω	fassen, greifen
αρραβωνιάζομαι	sich verloben
αρραβωνιαστικός /-ιά	Verlobter, Braut
αρρωσταίνω	krank werden
αρρώστια, η	Krankheit
άρρωστος	krank
άρρωστος, ο	Patient
αρσενικός	männlich
αρχαία, τα	Altertümer, Altgriechisch
αρχαίος	antik
αρχή, η	Anfang, Beginn
αρχηγός, ο	Führer
αρχίζω	beginnen, anfangen
αρχιτέκτονας, ο	Architekt
αρχοντικό, το	vornehmes Haus
άρωμα, το	Parfüm, Duft
ας!	laß!
ασανσέρ, το	Lift
ασήμαντος	unbedeutend
ασημένιος	silbern
ασήμι, το	Silber
άσκηση, η	Übung
ασπίδα, η	Schild
άσπρος	weiß
άσσος, ο	As
αστείο, το	Witz
αστέρι, το	Stern
αστερίας, ο	Seestern
αστικός	bürgerlich, städtisch
αστραπή, η	Blitz
αστράφτω	blitzen
άστρο, το	Stern
αστυνομία, η	(Stadt)Polizei
αστυνομικός, ο αστυνόμος, ο αστυφύλακας, ο	(Stadt)Polizist
ασφάλεια, η	Sicherheit
ασφαλής	sicher
ασφαλώς	sicher (Adv.)
άσχημος	häßlich, schlecht
ασχολούμαι με κ.	sich mit etw. beschäftigen
αταξία, η	Unordnung, Unregelmäßigkeit
ατέλειωτος	endlos, unendlich
ατελιέ, το	Atelier
ατμός, ο	Dampf
ατμόσφαιρα, η	Atmosphäre
ατομικός	eigen, persönlich
άτομο, το	Person
ατσάλι, το	Stahl
ατυχία, η	Pech, Unglück
αυγή, η	Morgengrauen
αυγό, το	Ei
αυγολέμονο, το	Eier-Zitronen-Sauce
αυθόρμητος	spontan
αυλάκι, το	Graben
αυλή, η	Hof
αυξάνω	erhöhen, vermehren, wachsen
αύξηση, η	Wachstum, Erhöhung
αϋπνία, η	Schlaflosigkeit
αύριο	morgen
αυστηρός	streng, hart
Αυστρία, η	Österreich
Αυστριακός, ο/ιά, η	Österreicher(in)
αυταπάτη, η	Selbstbetrug
αυτοκινητιστής, ο	Autofahrer
αυτοκίνητο, το	Auto
αυτοκτονία, η	Selbstmord
αυτόματος	automatisch
αυτονόητος	selbstverständlich
αυτός	dieser, der

αφαιρώ	wegnehmen
αφελής	naiv
αφέντης, ο / αφεντικό, το	Herr, Chef
αφετηρία, η	Ausgangspunkt
αφήνω	(los-, zu-)lassen
αφηρημένος	zerstreut
άφθονος	reichlich
αφιερώνω	widmen
άφιξη, η	Ankunft
άφοβα	furchtlos (Adv.)
αφορμή, η	Anlaß
αφοράει	betrifft
αφότου	seit(dem)
αφού	nachdem, weil, wo doch
αφρίζω	schäumen
αφρός, ο	Schaum
αφτί, το	Ohr
άφωνος	stumm, stimmlos
αχάριστος	undankbar
αχλάδι, το	Birne
αχνός, ο	Dampf
άχρηστος	unbrauchbar, unnütz
αχτίδα, η	Strahl
άχυρο, το	Stroh

Β

βαγόνι, το	Wagon
βαδίζω	(zu Fuß)gehen, marschieren
βάζο, το	Vase, Topf
βάζω	setzen, stellen, legen
βάθος, το	Tiefe, Hintergrund
βαθύς	tief
βαλίτσα, η	Koffer
βαμβάκι, το	Watte, Baumwolle
βαποράκι, το	kl. Schiff
βαπόρι, το	Schiff
βαράω	schlagen
βαραίνω	schwer werden
βάρδιες, οι	(Nacht)Schicht
βαρέλι, το	Faß
βαριέμαι	sich langweilen, überdrüssig sein, keine Lust haben
βάρκα, η	Boot
βάρος, το	Last, Gewicht
βαρύς	schwer
βασανίζω	quälen
βάσανο, το	Qual
βάση, η	Grundlage
βασιλεύω	regieren, König sein, untergehen (Sonne)
βασιλιάς, ο	König
βασιλικός, ο	Basilikum
βασίλισσα, η	Königin
βαστάω	halten, tragen, auch: dauern
βαφτίζω	taufen
βαφτίσια, τα	Taufe
βάφω	färben
βγάζω	herausziehen, -holen, produzieren, auch: verdienen
βγάζω εισιτήριο	Fahrkarte ausstellen, -lösen
βγάζω φωτογραφία	fotografieren
βγαίνω	hinausgehen, -kommen, herausgehen, -kommen
βδομάδα, η	Woche
βέβαια / βεβαίως	sicher, natürlich
βεβαιώνω	versichern, bestätigen
βελέντζα, η	Hirtenteppich
βελόνι, το	Nadel
βενζίνα, η	Motorboot
βενζινάδικο, το	Tankstelle
βενζίνη, η	Benzin
βέρα, η	Ehering
βερίκοκο, το	Aprikose
βήμα, το	Schritt
βήχας, ο	Husten
βήχω	husten
βιάζομαι	sich beeilen, es eilig haben
βιαστικός	eilig
βιβλίο, το	Buch
βιβλιοθήκη, η	Bibliothek, Bücherregal
βιβλιοπωλείο, το	Buchhandlung
βίδα, η	Schraube
βίλλα, η	Villa
βιομηχανία, η	Industrie

βιταμίνες, οι	Vitamine
βιτρίνα, η	Schaufenster
βλάκας, ο	Dummkopf
βλαστα(ί)νω	sprießen
βλαστημάω	fluchen
βλάφτω	schaden, schädigen
βλέμμα, το	Blick
βλέπω	sehen
βόδι, το	Rind, Ochse
βοηθάω	helfen
βοήθεια, η	Hilfe
βοηθός, ο, η	Assistent (in)
βολεύω	erledigen
βόλτα, η	Spaziergang
βόμβα, η	Bombe
βόρειος	nördlich
βορράς, ο / βοριάς, ο	Norden
βοσκός, ο	Hirte
βόσκω	weiden
βότσαλο, το	Kieselstein
βουβός	stumm
βουίζω	rauschen, brausen
βουλή, η	Parlament
βουλευτής, ο	Abgeordnete
βουλιάζω	sinken, versenken
βουλώνω	verstopfen
βουνό, το	Berg
βουτάω	(ein)tauchen
βούτυρο, το	Butter
βραβείο, το	Preis
βραδάκι, το	Abend
βράδι, το	Abend, abends
βραδιά, η	Abend (im Verlauf)
βραδιάζει	es wird Abend
βράζω	kochen
βραστός	gekocht
βράχια, τα / βράχος, ο	Felsen
βρε!	he du!
βρε(γ)μένος	naß, angefeuchtet
βρέχει	es regnet
βρέχω	naß machen
βρίζω	(be)schimpfen, fluchen
βρίσκομαι	sich befinden
βρίσκω	finden
βροντή, η	Donner
βροντάω	donnern
βροχή, η	Regen
βρύση, η	Quell, Wasserhahn
βρωμάω	stinken
βρώμικος	schmutzig
βυζαίνω	stillen
βυζί, το	Brust
βυζαντινός	byzantinisch
βυθίζω	versenken
βυθός, ο	Tiefe, Meeresgrund

γ

γαβγίζω	bellen
γάιδαρος, ο / γαϊδούρι, το	Esel
γάλα, το	Milch
γαλάζιος	blau
γαλανός	blau
γαλατάς, ο	Milchmann
γαλήνη, η	Gelassenheit, Windstille
Γάλλος, ο	Franzose,
-ίδα, η	Französin
γάμος, ο	Hochzeit
γαμπρός, ο	Schwiegersohn, Bräutigam, Schwager, Neuvermählter
γάντι	Handschuh
γαρίδα, η	Krabbe
γαρίφαλο, το	Nelke
γάτα, η / γάτος, ο / γατί, το	Katze
γδύνομαι	sich ausziehen
γδύνω	(jem.) ausziehen
γδυτός	entkleidet
γεγονός, το	Tatsache
γεγονότα, τα	Tatsachen
γειά (σου/σας)	grüß (dich/Sie/euch), Gesundheit!
γείτονας, ο	Nachbar
γειτονιά, η	Nachbarschaft, «Viertel»
γειτόνισσα, η	Nachbarin
γελαστός	lachend, fröhlic
γελάω	lachen

διακόπτης, ο	(Licht)schalter
διακόπτω	unterbrechen
διακριτικός	diskret
διαλέγω	auswählen
διάλειμμα, το	Pause
διάλεκτος, η	Dialekt
διάλεξη, η	Vortrag
διαμαρτύρομαι	sich beschweren protestieren
διαμαρτυρόμενος, ο	Protestant
διαμέρισμα, το	Appartement
διανοούμενος	Intellektueller
διαπιστώνω	feststellen
διαρκώς	dauernd
διασκεδάζω	(sich) amüsieren
διασκέδαση, η	Vergnügen
διάσπαρτος	verstreut
διασταύρωση, η	Straßenkreuzung
διάστημα, το	Abstand, Entfernung
διαταγή, η	Befehl
διατηρώ	bewahren
διατρέχω	durchziehen
διαύγεια, η	Klarheit
διαφέρω	sich unterscheiden
διαφήμιση, η	Reklame
διαφορά, η	Unterschied
διαφορετικός	verschieden
διάφοροι	verschiedene
διαφωνώ	verschiedener Meinung sein
διδάσκω	lehren
διερμηνέας, ο, η	Dolmetscher(in)
διεύθυνση, η	Adresse, Direktion
διευθυντής, ο -ύντρια, η	Direktor(in)
διευκολύνω	erleichtern
διήγημα, το	Erzählung
διηγούμαι	erzählen
δικαιολογία, η	Rechtfertigung
δίκαιος	gerecht
δικαιοσύνη, η	Gerechtigkeit
δικαίωμα, το	Recht
δικαστήριο, το	Gericht
δίκη, η	Prozeß
δικηγόρος, ο	Rechtsanwalt
δίκιο, το	Recht
έχω δίκιο	recht haben
δικός	eigen
δικοί, οι.. μου	Familie , «die Meinen»
δίνω	geben
διοίκηση, η	Verwaltung
διοικητής, ο	Kommandant
διοικητικός	Verwaltungs-
διορθώνω	reparieren, verbessern, korrigieren
διορίζω	bestimmen, ernennen
διότι	weil
δίπλα	(da)neben
διπλανός	angrenzend
διπλός	doppelt
δίσκος	Platte, Schallplatte
διστάζω	zögern
δίχτι, το	Netz
δίχως	ohne
δίψα, η	Durst
διψασμένος	durstig
διψάω	Durst haben
διώχνω	verjagen, verfolgen
δοκιμάζω	versuchen
δολλάριο, το	Dollar
δολοφονία, η	Mord
δόλωμα, το	Köder
δόντι, το	Zahn
δόξα, η	Ruhm
δόξα τω θεώ	Gott sei Dank
δόση, η	Dosis
δουλειά, η	Arbeit
δουλεύω	arbeiten
δοχείο, το	Schale
δραστήριος	aktiv
δράστης, ο	Täter
δραχμή, η	Drachme
δρόμος, ο	Weg, Straße
δροσερός	kühl, erfrischend
δροσιά, η	angenehme Kühle
δροσίζομαι	sich erfrischen, kühl werden
δύναμη, η	Kraft, Macht, Stärke

δυνατά	kräftig, laut (Adv.)
δυνατός	kräftig, stark, mächtig, möglich
δυνατότητα, η	Möglichkeit
δύο / δυο	zwei
δύση, η	Westen
δυσκολία, η	Schwierigkeit
δύσκολος	schwierig
δυστύχημα, το	Unglück(sfall), Unfall
δυστυχία, η	Unglück
δυστυχισμένος	unglücklich
δυστυχώς	leider
δυτικός	westlich, West-
δωμάτιο, το	Zimmer
δωρεάν	umsonst (gratis)
δώρο, το	Geschenk

E

εαυτός μου,	ich selbst
εβδομάδα, η	Woche
εγγονάκι, το	Enkelchen
εγγονός, ο εγγονή, η εγγόνι, το	Enkel
έγκαιρος	rechtzeitig
εγκάρδιος	herzlich
εγκαταλείπω	im Stich lassen, verlassen
έγκλημα, το	Verbrechen
εγκρίνω	gutheißen
έγκυος	schwanger
έγνοια, η	Sorge
εγχείρηση, η	Operation
εγώ	ich
εγωιστής, ο	Egoist
έδαφος, το	Grund, Boden
εδώ	hier
εδώ και	seit
έθιμο, το	Sitte, Brauch
εθνικός	national
εθνικότητα, η	Nationalist
έθνος, το	Nation
είδηση, η	Nachricht
παίρνω είδηση	bemerken
ειδικός	speziell
ειδοποιώ	benachrichtigen
είδος, το	Art
εικόνα, η	Bild
ειλικρίνεια, η	Aufrichtigkeit
ειλικρινής	ehrlich
είμαι	sein
ειρήνη, η	Friede
ειρηνικός	friedlich
ειρωνικός	ironisch
εισαγγελέας, ο	Staatsanwalt
εισαγωγή, η	Einleitung
εισιτήριο, το	Fahr-, Eintrittskarte
είσοδος, η	Eingang, Eintritt
εισπράκτορας, ο	Schaffner
είτε - είτε	entweder - oder
εκατομμύριο, το	Million
εκδίκηση, η	Rache, Vergeltung
έκδοση, η	Ausgabe
εκδρομή, η	Ausflug
εκεί	dort(hin)
εκεί πέρα	dort drüben
εκεί που	im Moment wo
εκείνος	jener
έκθεση, η	Ausstellung, Messe
εκκλησία, η	Kirche
εκλογές, οι	Wahlen
εκπαίδευση, η	Bildung
έκπληξη, η	Überraschung
εκπομπή, η	Sendung
εκπρόσωπος, ο	Vertreter
εκπροσωπώ	vertreten
έκπτωση, η	Nachlaß, Rabatt
έκτακτος	außerordentlich
εκτέλεση, η	Zubereitung
εκτιμάω	ehren
εκτός από	außer
έκφραση, η	Ausdruck
έλα!	komm!
ελαιώνας, ο	Olivenhain
έλατο, το	Tanne
ελάττωμα, το	Nachteil
ελαφρός	leicht (zu tragen)
ελάχιστος	wenigster, geringster
Ελβετία, η	Schweiz
ελβετικός	schweizerisch

Ελβετός, ο	Schweizer(in)
-ίδα, η	
ελεγκτής, ο	Kontrolleur
έλεγχος, ο	Kontrolle
ελέγχω	kontrollieren
ελευθερία, η	Freiheit
ελεύθερος	frei
ελιά, η	Olive(nbaum)
Ελλάδα, η	Griechenland
΄Ελληνας, ο	Grieche,
-ίδα, η	Griechin
ελληνικός	griechisch
Ελληνόπουλο, το	griech. Kind
ελπίδα, η	Hoffnung
ελπίζω	hoffen
εμβατήριο, το	Marsch
εμετός, ο	Erbrechen
εμείς	wir
έμμεσος	indirekt
εμπιστοσύνη, η	Vertrauen
έμπνευση, η	Inspiration
εμποδίζω	(ver)hindern
εμπόδιο, το	Handel
έμπορος, ο	Kaufmann
εμπρός	vorwärts!, («hallo» am Telefon)
εμφανίζομαι	erscheinen
εναντίον	gegen
ένας ένας	einer nach dem anderen
ενδεχομένως	eventuell (Adv.)
ενδιαφέρων, -ουσα, -ον	interessant
ενδιαφέρομαι	sich interessieren
ένδοξος	berühmt
ενέργεια, η	Wirkung, Tätigkeit
ένεση, η	Spritze (b. Arzt)
ενθουσιασμένος	begeistert
ενθύμιο, το	Andenken (Souvenir)
ενικός, ο	Einzahl
ενισχύω	verstärken
έννοια, η	Begriff, Sinn, Bedeutung
εννοώ	meinen, merken
ενοίκιο, το	Miete
ενοχλώ	stören, belästigen

ένοχος	schuldig
ένστικτο, το	Instinkt
εντάξει	in Ordnung
εντελώς	völlig (Adv.)
εντερολόγος, ο	Internist
εντολή, η	Gebot, Befehl
έντομο, το	Insekt
έντονος	intensiv
έντυπο, το	Drucksache
εντύπωση, η	Eindruck
εντυπωσιακός	eindrucksvoll
εντωμεταξύ	inzwischen, währenddessen
ενώ	während
ενώνω	vereinigen
εξαγωγή, η	Ausfuhr
εξάδερφος, ο	Cousin,
-η, η	Cousine
εξαίρεση, η	Ausnahme
εξαιρετικός	außergewöhnlich
εξακολουθώ	fortsetzen, andauern
εξάλλου	übrigens
εξαντλημένος	erschöpft
εξαργυρώνω	auszahlen
εξαρτάται	es hängt (davon) ab
εξασφαλίζω	sichern
εξαφανίζομαι	verschwinden
έξαφνα	plötzlich
εξέλιξη, η	Entwicklung
εξελίσσομαι	sich entwickeln
εξετάζω	prüfen
εξέταση, η	Prüfung
εξήγηση, η	Erklärung
εξηγώ	erklären
το εξής	folgende
ως εξής	wie folgt
έξοδα, τα	Ausgaben
έξοδος, η	Ausgang
εξομολόγηση, η	Beichte, Geständnis
εξουσία, η	Macht (ausübung
εξοχή, η	Land (außerhalb der Stadt)
έξοχος	hervorragend
εξυπηρέτηση, η	Bedienung
εξυπηρετώ	(be)dienen

έξυπνος — klug, intelligent
εξυπνάδα, η — Intelligenz, «Witz»
έξω — draußen
εξωτερικό, το — Ausland
επάγγελμα, το — Beruf
επαινώ — loben
επαναλαμβάνω — wiederholen
επανάσταση, η — Aufstand, Revolution
επανειλημμένα — wiederholt (Adv.)
επάνω — oben
επαρχία, η — Provinz
επαφή, η — Kontakt, Berührung
επείγον — dringend, expreß (Adv.)
επειδή — da, weil
επεισόδιο, το — (Zwischen)fall
έπειτα — dann, danach später
επεμβαίνω — einschreiten
επέμβαση, η — Einmischung
επέτειος, η — Jubiläum
επηρεάζω — beeinflussen
επιβάλλω — verpflichten
επιβάτης, ο — Passagier
επίδραση, η — Einfluß
επίθεση, η — Angriff
επίθετο, το — Adjektiv, Familienname
επιθεώρηση, η — Revue
επιθυμία, η — Wunsch
επιθυμώ — wünschen, verlangen
επίκαιρος — aktuell
επικίνδυνος — gefährlich
επικρατώ — herrschen
επιμελής — fleißig
επιμένω — auf etw. bestehen, beharren
επιμονή, η — Beharrlichkeit
έπιπλα, τα — Möbel
επιπλωμένος — möbliert
επιπόλαιος — oberflächlich, flüchtig
επίσημος — offiziell
επίσης — auch
επισκέπτομαι — besuchen
επίσκεψη, η — Besuch
επιστήμη, η — Wissenschaft
επιστήμονας, ο — Wissenschaftler
επιστρέφω — zurückkehren, -geben
επιστροφή, η — Rückkehr, -gabe
επιταγή, η — Befehl
επιτέλους — endlich
επίτηδες — absichtlich (Adv.)
επιτρέπεται — es ist erlaubt
επιτρέπω — erlauben
επιτροπή, η — Kommission
επιτυχαίνω — erreichen, Erfolg haben, gelingen
επιτυχία, η — Erfolg
επιφάνεια, η — Oberfläche
επιχείρημα, το — Argument
επιχείρηση, η — Unternehmen
επιχειρώ — versuchen
επόμενος — folgend
εποχή, η — Epoche, Zeit
ερασιτέχνης, ο — Amateur
εραστής, ο — Liebhaber
εργάζομαι — arbeiten
εργαζόμενος — arbeitend
εργαλείο, το — Werkzeug, Instrument
εργασία, η — Arbeit
εργαστήρι, το — Werkstatt
εργάτης, ο — Arbeiter
εργατικός — fleißig
εργάτρια, η — Arbeiterin
εργένης, ο — Junggeselle
έργο, το — Theaterstück, Film, Werk
εργοστάσιο, το — Fabrik
έρευνα, η — Untersuchung
ερημιά, η — Einsamkeit, Wüste
έρημος — verlassen, einsam
ερμηνεύω — erläutern, interpretieren
έρχομαι — kommen
ερχόμενος — kommend
έρωτας, ο — Liebe
ερωτευμένος — verliebt

ερωτηματικό, το	Fragezeichen
ερώτηση, η	Frage
εσείς	Sie, ihr
εστιατόριο, το	Restaurant
έστω!	seis drum!
εσύ	du
εσωτερικός	inner-
ετοιμάζω	vorbereiten
έτοιμος	bereit, fertig
έτος, το	Jahr
έτσι	so
έτσι κι έτσι	sowieso
ευαίσθητος	empfindlich
ευγενικός	höflich, liebenswürdig
ευεργέτης, ο	Wohltäter
εύζωνας, ο	Evzone
ευημερία, η	Wohlstand
εύθυμος	fröhlich, heiter, lustig
ευθύνη, η	Verantwortung
ευκαιρία, η	Gelegenheit
εύκολος	leicht
ευλογώ	segnen
ευπρεπισμός	Körperpflege
ευρωπαϊκός	europäisch
Ευρώπη, η	Europa
ευτυχία, η	Glück
ευτυχισμένος	glücklich
ευτυχώς	zum Glück, glücklicherweise (Adv.)
εύφορος	fruchtbar
ευχαριστημένος	zufrieden
ευχαρίστηση, η	Vergnügen
ευχάριστος	angenehm
ευχαριστώ	danken
ευχαρίστως	gern (Adv.)
ευχή, η	Wunsch
εύχομαι	wünschen
εφημερίδα, η	Zeitung
εφιάλτης, ο	Alptraum
έχει	es gibt
εχθρός, ο	Feind
έχω	haben
έχω ανάγκη από	brauchen
έχω δίκιο	recht haben
έως	bis

ζ

ζακέτα, η	Jacke
ζαλίζομαι	schwindlig werden
ζάχαρη, η	Zucker
ζαχαροπλαστείο, το	Konditorei
ζεσταίνομαι	warm werden
ζεσταίνω	wärmen
ζέστη, η	Wärme, Hitze
ζεστός	warm, heiß
ζευγάρι, το	Paar
ζηλεύω	beneiden, eifersüchtig sein
ζηλιάρης	eifersüchtig
ζημιά, η	Schaden, Verlust
ζητάω	suchen, bitten, verlangen
ζήτημα, το	Frage, Problem
ζητιάνος, ο	Bettler
ζήτω!	hoch lebe!
ζόρι, με το -	wider Willen
ζούγκλα, η	Dschungel
ζουμί, το	Sauce
ζουμπούλι, το	Hyazinthe
ζυγίζω	wiegen, abwägen
ζυγός	gerade
ζυμώνω	kneten
ζω	leben
ζωγραφίζω	malen
ζωγράφος, ο	Maler
ζωή, η	Leben
ζωηρός	lebhaft
ζώνη, η	Gürtel
ζωντανός	lebend
ζώο, το	Tier, Lebewesen

η

ή	oder
ή...ή	entweder...oder
ήδη	schon
ηθοποιός, ο	Schauspieler(in)
ηλεκτρικός	elektrisch
ηλεκτρικός, ο	Athener U-Bahn
ηλεκτρονικός	elektronisch
ηλεκτρονικός εγκέφαλος	Computer
ηλίθιος	dumm
ηλικία, η	Alter
ηλιοβασίλεμα, το	Sonnenuntergang

ηλιοθεραπεία, η	Sonnenbad
ήλιος, ο	Sonne
ημερολόγιο, το	Kalender
ημερομηνία, η	Datum
ήμερος	zahm
ημίχρονο, το	Halbzeit
ήρεμος	ruhig
ήρωας, ο	Held
ηρωίδα, η	Heldin
ησυχάζω	(sich)beruhigen
ησυχία, η	Ruhe
ήσυχος	ruhig
ήχος, ο	Ton, Schall, Klang

θ

θάβω	graben
θάλαμος, ο	Telefonzelle
θάλασσα, η	Meer
θάμνος, ο	Strauch
θάνατος, ο	Tod
θάρρος, το	Mut
θαρρώ	meinen
θαύμα, το	Wunder
θαύμα!	wunderbar!
θαυμάζω	bewundern
θαυμάσιος	wunderbar
θαυμαστός	bewundernswert
θέα, η	Aussicht, Blick
θεά, η	Göttin
θέαμα, το	Spektakel, Schauspiel
θεατής, ο	Zuschauer
θέατρο, το	Theater
θεία, η	Tante
θείος, ο	Onkel
θέληση, η	Wille
θέλω	wollen
θέμα, το	Thema
θεμελιώνω	begründen, festigen
θεός, ο	Gott
θεραπεία, η	Heilung
θεραπεύω	heilen
θερμός	warm
θέση, η	(Sitz)Platz, Stellung
θεσμός, ο	Institution
θετικός	positiv
θέτω	setzen, legen
θεώρία, η	Theorie
θεωρώ / θωρώ	betrachten, halten für
θηλυκός	weiblich
θηρίο, το	wildes Tier
θησαυρός, ο	Schatz
θλιβερός	traurig, schmerzlich
θλιμμένος	betrübt
θολώνω	vernebeln, trüben
θολός	trübe
θόρυβος, ο	Lärm
θρανίο, το	Schulbank
θράσος, το	Frechheit, Kühnheit
θρασύς	frech
θρήνος, ο	Wehklage
θρησκεία, η	Religion
θύμα, το	Opfer
θυμάμαι	sich erinnern
θύμηση, η	Erinnerung
θυμίζω	jem. an etw. erinnern
θυμωμένος	zornig, böse
θυμώνω	zornig, böse werden
θυρίδα, η	Schalter (bei Behörden)
θυρωρός, ο	Hausmeister
θυσία, η	Opfer
θυσιάζω	opfern

ι

ιατρείο, το	Arztpraxis
ιδανικός	ideal
ιδέα, η	Idee, Ahnung
ιδιαίτερος	speziell
ιδιοκτήτης, ο	Eigentümer
ίδιος, ο	selbst, derselbe
ιδιότροπος	merkwürdig eigenartig
ιδίως	besonders (Adv.)
ιδρύω	gründen, einrichten
ιδρώνω	schwitzen

ιερέας, ο	Priester
ιερός	heilig
ικανός	geschickt, fähig
ίσα	geradeaus
ίσα-ίσα	im Gegenteil
ίσαμε	bis
ίσκιος, ο	Schatten
ισόβιος	lebenslänglich
ισόγειο, το	Erdgeschoß
ίσος	gleich
ιστορία, η	Geschichte
ιστορικός	historisch
ισχυρός	stark
ίσως	vielleicht
ίχνος, το	Spur

κ

καβάλα	zu Pferd
καβαλάρης, ο	Reiter
καβαλικεύω	reiten
καημένος	arm
καημός, ο	Kummer
καθαρεύουσα, η	Gelehrtensprache
καθαρίζω	reinigen
κάθαρμα, το	Schuft
καθαρός	sauber, deutlich
κάθε	jeder
κάθε τόσο	immer wieder
καθετί, το	alles
καθηγητής, ο -ήτρια, η	Lehrer, Professor
καθήκον, το	Pflicht
καθημερινός	täglich
κάθισμα, το	Sitzplatz
καθολικός	katholisch, Katholik
καθόλου	überhaupt (nicht)
κάθομαι	sitzen, sich setzen
καθορίζω	bestimmen
καθρέφτης, ο	Spiegel
καθυστερημένος	unterentwickelt
καθυστέρηση, η	Verspätung
καθώς	wie, als, während
και	und, auch
και άλλο	noch mehr
καίγομαι	brennen, verbrennen
καΐκι, το	kl. Motor-, Segelboot
καινούριος	neu
καιρός	Zeit, Wetter
καίω	brennen, verbrennen
κακό, το	Übel
κακομοίρης, ο	armer Schluker
κακός	schlecht, schlimm
κακοφαίνεται, μου -	mißfallen, etw. übelnehmen
καλά	gut (Adv.)
καλάθι, το	Korb
καλάθι αχρήστων, το	Papierkorb
καλαμαράκια, τα	kl. Tintenfische
καλαμάρι, το	Tintenfisch, -faß
καλάμι, το	Rohr, Schilf, Angel
καλαμπόκι, το	Mais
καλεσμένος	eingeladen
καλημέρα	guten Tag, - Morgen
καληνύχτα	gute Nacht
καλησπέρα	guten Abend
καλλιεργώ	anbauen, pflegen
καλλιτέχνης, ο	Künstler
κάλλος, το	Schönheit
καλλυντικά, τα	Kosmetika
καλόγερος, ο	Mönch
καλοκαίρι, το	Sommer
καλοπιάνω	schmeicheln
καλοριφέρ, το	Heizung
καλός	gut
καλοφαγάς, ο	Feinschmecker
καλοσύνη, η	Freundlichkeit
κάλτσα, η	Strumpf
καλτσόν, το	Strumpfhose
καλύβα, η	Hütte
καλύτερος	besser
καλώ	rufen, einladen
καλώδιο, το	Seil, Kabel
καλωσορίζω	willkommen heißen
καμάκι, το	Harpune
κάμαρα, η	Kammer
καμαρώνω	stolz sein, bewundern
καμπάνα, η	Glocke

καμπαναριό, το	Glockenturm
κάμπινγκ, το	Camping
καμπινές, ο	Toilette
κάμπος, ο	Feld, Ebene
κάμποσος	ziemlich (viel)
καναπές, ο	Sofa
καναρίνι, το	Kanarienvogel
κανάτα, η	Krug
κανείς / κανένας	irgendeiner, niemand
κανόνας, ο	Regel
κανονίζω	regeln
κανονικός	normal, regelmäßig
καντήλι, το	Öllämpchen
κάνω	machen, tun
κάνω λάθος	sich irren
κάνω παρέα	befreundet sein
καπέλο, το	Hut
καπνίζω	rauchen
κάπνισμα, το	Rauchen
καπνός, ο	Tabak
τα καπνά (=Plur.)	
καπνός, ο	Rauch
καπό, το	Motorhaube
κάποιος	jemand
κάποτε	irgendwann, ab u. zu
κάπου	irgendwo(hin)
κάπως	irgendwie
καράβι, το	Schiff
καραμέλα, η	Bonbon
κάρβουνο, το	Kohle
καρδιά, η	Herz
καρδιολόγος, ο	Kardiologe
καρέκλα, η	Stuhl
καρκίνος, ο	Krebs
κάρο, το	Karren
καρότο, το	Karotte, Möhre
καρπός, ο	Frucht
καρπούζι, το	Wassermelone
κάρτα, η	(Ansichts)Karte
καρτερώ	warten
καρτ ποστάλ, το	Postkarte
καρύδι, το	Walnuß
καρφί, το	Nagel
καρφίτσα, η	Stecknadel
καρφώνω	(fest)nageln
κασόνι, το	Kiste
κάστανο, το	Kastanie
κάστρο, το	Burg
κατάγομαι	abstammen
καταγωγή, η	Herkunft
καταδικάζω	verurteilen
καταλαβαίνω	verstehen
καταλήγω	enden
κατάλληλος	geeignet
κατάλογος	Liste, Speisekarte
κατανάλωση, η	Konsum
καταναλωτής, ο	Verbraucher
καταπίνω	schlucken
κατάπληκτος	erstaunt, bestürzt
κατάπληξη, η	Erstaunen, Bestürzung
καταργώ	abschaffen
καταραμένος	verdammt, verflucht
καταριέμαι	verfluchen
κατάρτι, το	(Schiffs)Mast
κατασκήνωση, η	Zeltplatz, Zelten
κατάσταση, η	Zustand
κατάστημα, το	Laden, Lokal
καταστρέφω	zerstören, vernichten
καταστροφή, η	Katastrophe
κατά τα άλλα	sonst, im übrigen
καταφατικός	bejahend
καταφέρνω	fertigbringen, (es) schaffen, zustandebringen
κατεβάζω	herunterholen, -bringen
κατεβαίνω	hinabgehen, -steigen
κατεπείγον	per Eilboten
κατεργάρης, ο	Spitzbube
κατεστημένο, το	Establishment
κατευθείαν	direkt, geradeaus
κατεύθυνση, η	Richtung
κατεψυγμένος	(tief)gefroren
κατηγορία, η	Anklage
κατηγορώ	beschuldigen
κατήφορος, ο	Abgang, Abstieg
κατηφοριά, η	
κάτι	etwas
κατοικία, η	Wohnung
κάτοικος, ο	Einwohner
κατόπιν	später
κατόρθωμα, το	Leistung

κατορθώνω	(Ziel) erreichen, schaffen, gelingen
κατοστάρικο, το	Hundertdrachmen-schein
κατοχή, η	Besetzung
κατσαρόλα, η	Kochtopf
κατσίκα, η	Ziege
κάτω	unten
καυσαέρια, τα	Abgase
καυτερή πιπεριά, η	Feuerschote
καυτερός	scharf
καυτός	kochend heiß
κατώφλι, το	Schwelle
καυγάς, ο	Streit
καυχιέμαι	sich brüsten
καφέ	braun
καφεδάκι, το	gr. Kaffee
καφές, ο	Kaffee
καφετζής, ο	Kaffeehauswirt
κείμενο, το	Text
κελαηδώ	singen (v. Vögeln), zwitschern
κενό, το	Leere
κενός	leer
κεντρικός	zentral, Haupt-
κέντρο, το	Innenstadt, auch: Lokal
κεντάω	sticken
κεραμίδι, το	Dachziegel
κεράσι, το	Kirsche
κερασιά, η	Kirschbaum
κέρατο, το	Horn
κεραυνός, ο	Blitz
κερδίζω	gewinnen, verdienen
κέρδος, το	Gewinn, Verdienst
κερί, το	Wachs, Kerze
κερνάω	spendieren, einladen, einen ausgeben, anbieten
κεφάλαιο, το	Kapitel, Kapital
κεφαλαίο, το	Großbuchstabe
κεφάλι, το	Kopf
κεφάτος	gutgelaunt
κέφι, το	gute Laune
κεφτές, ο	Fleischbällchen
κηδεία, η	Begräbnis
κήπος, ο	Garten
κιλό, το	Kilo, Liter
κιμάς, ο	Hackfleisch
κινάω	bewegen
κίνδυνος	Gefahr
κίνημα, το	(polit.) Bewegung
κινηματογράφος, ο	Kino
κίνηση, η	Verkehr, Bewegung
κιόλας	schon
κίτρινος	gelb
κλαδί, το	Ast, Zweig
κλάδος, ο	Zweig (im übertrag. Sinn)
κλαίω	weinen
κλάμα, το	Weinen
κλαρί, το	Zweig
κλέβω	stehlen
κλειδαριά, η	(Tür)Schloß
κλειδί, το	Schlüssel
κλειδώνω	(ab)schließen
κλείνω	(zu)schließen
κλειστός	geschlossen
κλέφτης, ο	Dieb
κλήμα, το	Weinstock
κληματαριά, η	Weinstock, Rebe
κληρονομιά, η	Erbschaft
κληρώνομαι	ausgelost werden
κλήρωση, η	Ziehung, Verlosung
κλίμα, το	Klima
κλινική, η	(Privat)Klinik
κλίση, η	Neigung, Senkung
κλοπή, η	Diebstahl
κλοτσάω	treten, jem. einen Fußtritt versetzen
κλουβί, το	Käfig
κλώθω	spinnen
κλωστή, η	Garn, Faden
κόβω	schneiden
κοιλάδα, η	Tal
κοιλιά, η	Bauch
κοιμάμαι	schlafen
κοιμίζω	zum Einschlafen bringen
κοινό, το	Publikum
κοινός	gemeinsam, öffentlich
κοινότητα, η	Gemeinde
κοινωνία, η	Gesellschaft
κοινωνικός	gesellschaftlich, sozial

κοινωνιολογία, η	Soziologie
κοιτάζω / κοιτάω	ansehen, betrachten
κόκαλο, το	Knochen
κόκκινος	rot
κόκορας, ο	Hahn
κοκορέτσι, το	Innereien vom Spieß
κολακεύω	schmeicheln
κόλαση, η	Hölle
κόλλα, η	Blatt Papier, Kleber
κολλάω	kleben
κόλπο, το	Trick
κόλπος, ο	Bucht
κολυμβητήριο, το	Schwimmbad
κολυμπάω	schwimmen
κολύμπι, το	Schwimmen
κόμμα, το	Partei
κομματάκι, το	Stückchen
κομμάτι, το	Stück
κομμωτήριο, το	Frisiersalon
κομπιούτερ, το	Computer
κομπολόι, το	Spielkette
κόμπος, ο	Knoten
κομψός	hübsch, elegant
κονσέρβα, η	Konserve
κοντά	nahe, in der Nähe
κοντεύω	sich nähern
κοντός	kurz, klein
κοπάδι, το	Herde
κοπανίζω	zerstampfen
κοπέλα, η	Mädchen
κοπιάζω	sich anstrengen
κόπος, ο	Mühe
κορδέλα, η	Band, Kordel
κορδόνι, το	Schnur
κόρη, η	Tochter
κοριός, ο	Wanze
κορίτσι, το	Mädchen
κορμί, το	Körper
κορμός, ο	Stamm
κοροϊδεύω	verspotten, auslachen
κορόιδο, το	Gespött
κορυφή, η	Spitze
κόσμημα, το	Schmuck
κόσμος, ο	(die) Leute, Welt
κοστίζω	kosten
κοστούμι, το	Anzug
κότα, η	Huhn
κοτέτσι, το	Hühnerstall
κοτόπουλο, το	Hühnchen
κουβαλάω	schleppen
κουβέντα, η	Gespräch
κουβεντιάζω	sich unterhalten
κουβέρτα, η	Bettdecke
κουδούνι, το	(Tür)Klingel
κουζίνα, η	Küche, Herd
κούκλα, η	Puppe
κουλούρι, το	(Sesam)Kringel
κουμπάρος, ο -α, η	Hochzeitspate (-in)
κουμπί, το	Knopf
κουνάω	bewegen
κουνέλι, το	Kaninchen
κούνια, η	Wiege, Schaukel
κουνιάδος, ο	Schwager
κουνούπι, το	Mücke
κουπέ, το	(zug)Abteil
κουπί, το	Ruder
κουράγιο, το	Mut
κουράζομαι	sich anstrengen
κουρασμένος	müde
κουρέας, ο	Friseur
κουρντίζω	aufziehen (Uhr), stimmen (Instrument)
κούρσα, η	Auto
κουρτίνα, η	Vorhang
κουταλάκι, το	Teelöffel
κουτάλι, το	Löffel
κουταλιά, η	Löffelvoll
κούτελο, το	Stirn
κουτί, το	Schachtel, (Brief)Kasten
κουτός	dumm
κουτσομπολιό, το	Klatsch, Tratsch
κουτσός	lahm, hinkend
κούφιος	hohl, leer
κουφός	taub
κοφτερός	scharf
κοχύλι, το	Muschel
κόψιμο, το	Scneiden (der Haare), Durchfall
κρασί, το	Wein
κρατάω	halten

κρατικός	staatlich
κράτος, το	Staat
κραυγή, η	Schrei
κράχτης, ο	Ausrufer
κρέας, το	Fleisch
κρεβάτι, το	Bett
κρεβατοκάμαρα, η	Schlafzimmer
κρέμα, η	Krem, Sahne
κρεμάστρα, η	Kleiderbügel
κρεμάω	hängen, aufhängen
κρεμμύδι, το	Zwiebel
κρίμα	schade
κρίνω	(be)urteilen
κρίση, η	Krise, Entscheidung
κρότος, ο	Lärm, Krach
κρύβω	verbergen
κρυμμένος	versteckt
κρύο, το	Kälte
κρυολόγημα, το	Erkältung
κρύος	kalt
κρυφά	heimlich
κρυώνω	frieren
κρυωμένος	erkältet
κτήμα, το	Grundstück
κτήριο, το	Gebäude
κυβέρνηση, η	Regierung
κύβος, ο	Würfel
κύκλος, ο	Kreis
κυκλοφοράω	umherlaufen, sich bewegen
κυκλοφορία, η	Umlauf, Verkehr
κυλάω	rollen
κύμα, το	Welle
κυνήγι, το	Jagd
κυνηγάω	jagen
κυπαρίσσι, το	Zypresse
κυρά, η	Frau (in vertrautem Umgang)
κυρία, η	Frau, Dame
Κυριακή, η	Sonntag
κύριος, ο	Herr
κύριος	haupt-
κυρίως	besonders
κωμικός	komisch
κωμωδία, η	Komödie

λ

λαβαίνω	empfangen
λαγκάδι, το	Tal
λαγός, ο	Hase
λάδι, το	Öl
λάθος, το	Fehler
κάνω λάθος	sich irren
κατά λάθος	aus Versehen
λαϊκός	volks-
λαίμαργος	gefräßig
λαιμός, ο	Hals
λάκος, ο	Grube
λαλώ	singen (Vogel), reden, krähen
λάμπα, η	Lampe
λαμπρός	glänzend
λάμπω	scheinen
λαός, ο	Volk
λάσπη, η	Schlamm
λάστιχο, το	Gummi (-Reifen)
λατρεύω	verehren
λαχανιάζω	keuchen
λαχανικά, τα	Gemüse
λάχανο, το	Kohl
λατομείο, το	Steinbruch
λαχείο, το	Los
λαχειοπώλης, ο	Losverkäufer
λαχτάρα, η	Verlangen, Wunsch
λαχταράω	sich sehnen
λεβέντης, ο	Held, stattlicher junger Mann
λεγόμενος	sogenannter
λείπω	fehlen
λειτουργία, η	Gottesdienst, Liturgie
λειτουργώ	funktionieren
λείψανο, το	Leiche
λεκές, ο	Fleck
λεμονάδα, η	Limonade
λεμόνι, το	Zitrone
λέξη, η	Wort
λεπτό, το	Minute, «Pfennig»
λεπτομέρεια, η	Einzelheit
λεπτός	fein, zart
λερώνω	beschmutzen
λέσχη, η	Club
λευκός	weiß
λευτεριά, η	Freiheit
λεφτά, τα	Geld
λέω	sagen
λέω ψέμματα	lügen

λεωφορείο, το	Bus
λεωφόρος, η	Boulevard
λήγω	enden, zu Ende sein
λησμονώ	vergessen
ληστής, ο	Räuber
λιβάδι, το	Wiese
λιγνός	dünn
λιγάκι / λίγο	etwas, ein bißchen (Adv.)
λίγος	wenig, etwas
σε λίγο	gleich, bald
το λιγότερο	mindestens
λιμάνι, το	Hafen
λίμνη, η	See
λιοντάρι, το	Löwe
λιποθυμώ	ohnmächtig werden
λίστα, η	Liste
λίτρο, το	Liter
λιώνω	schmelzen
λογαριάζω	berechnen
λογαριασμός, ο	Rechnung
λογής, κάθε -	allerlei
λογικός	logisch
λόγιος	gelehrt
λογιστής, ο	Buchhalter
λόγος, ο	Wort, Rede
τα λόγια (=Plur.)	
λογοτέχνης, ο	Literat
λόγω + Gen.	wegen
λοιπά, και τα -	usw.
λοιπόν	also (folgernd)
λούζομαι	sich die Haare waschen
λουλούδι, το	Blume
λουρίδα, η	Band
λουτρό, το	Bad
λόφος, ο	Hügel
λοχίας, ο	Feldwebel
λυγερός	schlank
λυγίζω	biegen
λύκειο, το	Lyzeum
λύκος, ο	Wolf
λύνω	lösen, losmachen
λυπάμαι	betrübt, traurig sein
λύπη, η	Trauer
λυπημένος	traurig
λύση, η	Lösung

μ

μα	aber
μαγαζί, το	Geschäft, Laden
μάγειρας, ο	Koch
μαγειρεύω	kochen
μαγευτικός	zauberhaft
μαγικός	magisch
μαγιό, το	Badehose, -anzug
μάγισσα, η	Hexe
μαγνητόφωνο, το	Tonbandgerät
μάγουλο, το	Backe
μάζα, η	Masse
μαζεύω	(ein)sammeln
μαζί	zusammen
μαθαίνω	lernen
μάθημα, το	Unterricht, Lektion
μαθητής, ο	Schüler
μαθήτρια, η	Schülerin
μαϊμού, η	Affe
μαΐστρος, ο	Nordwestwind
μακάρι!	schön wärs!
μακαρονάδα, η	Spaghettigericht
μακαρόνια, τα	Teigwaren, Nudeln, Makkaroni
μακριά (από)	weit weg, fern (von)
μακρινός	fern, abgelegen
μακροβούτι, το	Tauchen
μακρύς	lang
μαλακός	weich
μάλαμα, το	Gold
μάλιστα	sehr wohl, ja
μαλλί, το	Wolle
μαλλιά, τα	Haar(e)
μάλλον	sehr wahrscheinlich
μαλώνω	sich streiten, schimpfen
μαμά, η	Mama
μάνα, η	Mutter
μανάβης, ο	Gemüsehändler
μανάβικο, το	Obst-, Gemüseladen
μανία, η	Wahnsinn, Leidenschaft
μανιασμένος	wahnsinnig
μανίκι, το	Ärmel
μαντεύω	raten, rätseln
μαντίλι, το	Kopf-, Taschentuch
μαξιλάρι, το	Kissen

μαραίνω	(ver)welken
μάρκο, το	DM
μάρμαρο, το	Marmor
μαρούλι, το	Kopfsalat
μάρτυρας, ο	Zeuge
μάστορας, ο	Meister
μασάω	kauen
μασχάλη, η	Achsel
μάταιος	vergeblich
μάτι, το	Auge
ματιά, η	Blick
ματσάκι, το	kl. Bund
ματώνω	bluten
μαύρος	schwarz
μαχαίρι, το	Messer
μάχη, η	Schlacht
με	mit
μεγαλοπρέπεια, η	Pracht
μεγάλος	groß, alt
μεγάλος, ο	Erwachsener
μεγαλύτερος	größer, älter
μεγαλώνω	vergrößern, groß werden
μεγάφωνο, το	Lautsprecher
μέγεθος, το	Größe
μεζές, ο	Vorspeise, Häppchen
μεθαύριο	übermorgen
μεθάω	sich betrinken
μεθυσμένος	betrunken
μειονέκτημα, το	Nachteil
μειονότητα, η	Minderheit
μείωση, η	(Ver)Minderung
μελαχρινός	dunkelhäutig
μέλει, με -	es geht mich an
μελέτη, η	Studie
μελετάω	untersuchen
μέλι, το	Honig
μέλισσα, η	Biene
μελιτζάνα, η	Aubergine
μέλλον, το	Zukunft
μέλος, το	Melodie
μένω	bleiben, wohnen
μέρα, η	Tag
μεράκι, το	Verlangen
μεριά, η	Seite
μερίδα, η	Portion
μερικοί	einige
μεροκάματο, το	Lohn

μέρος, το	Teil, Gegend, auch: Toilette
μέσα	innen, drinnen, hinein
μεσάνυχτα, τα	Mitternacht
μέση, η	Mitte
μεσημέρι, το	Mittag
μέσο, το	Mittel
Μεσόγειος (θάλασσα), η	Mittelmeer
μετά	nach, danach
μετακομίζω	umziehen
μετανάστης, ο	Emigrant
μετανοιώνω	bereuen
μετάξι, το	Seide
μεταξύ	zwischen
μεταξωτός	seiden
μεταφέρω	transportieren
μεταφράζω	übersetzen
μετάφραση, η	Übersetzung
μεταχειρίζομαι	gebrauchen
μετράω	zählen, messen
μετρημένος	gemessen
μέτριος	mäßig, mittelmäßig
μέτρο, το	Meter, Maß
μέτωπο, το	Stirn, Front
μέχρι	bis
μηδέν	null
μήλο, το	Apfel
μή(ν)	nicht
μήνας, ο	Monat
μήνυμα, το	Botschaft
μήνυση, η	Anzeige
μήπως	vielleicht
μήτε	auch nicht, nicht einmal
μητέρα, η	Mutter
μηχανή, η	Maschine, Apparat
μια και / μια που	wo doch, da
μικραίνω	kleiner-, kürzer werden, -machen
μικρός	klein, jung
μιλάω	sprechen
μιμούμαι	nachahmen
μισάω	hassen
μισθός, ο	Lohn, Gehalt
μισός	halb
μίσος, το	Haß

μνημείο, το	Denkmal, Monument	μπάλα, η	Ball
μνήμη, η	Gedächtnis	μπαλκόνι, το	Balkon
μόδα, η	Mode	μπαλώνω	stopfen, ausbessern
μοιάζω	ähnlich sein, gleichen	μπαμπάς, ο	Papa
μοίρα, η	Schicksal	μπάνιο, το	Bad
μοιράζω	verteilen	μπάνιο, κάνω -	baden
μοιρολό(γ)ι, το	Klagelied	μπάρμπας, ο	Onkel, alter Mann
μολαταύτα	trotzdem	μπαρμπούνι, το	Barbe
μόλις	sobald, gerade	μπας και	vielleicht
μολονότι/μόλο που	obwohl	μπαστούνι, το	Stock
μολύβι, το	Bleistift	μπαταρία, η	Batterie
μοναδικός	einmalig	μπελάς, ο	Ärger, Ärgernis
μοναξιά, η	Einsamkeit	μπερδεύω	durcheinanderbringen, verwechseln
μοναστήρι, το	Kloster	μπερές, ο	Baskenmütze
μονάχα	nur	μπήγω	einstecken, einpflanzen
μοναχός, ο	Mönch	μπίρα, η	Bier
μόνιμος	stabil, dauerhaft	μπλε	blau
μόνο	nur	μπισκότο, το	Keks
μονόδρομος, ο	Einbahnstraße	μπλούζα, η	Bluse, Pulli
μονόκλινο, το	Einbettzimmer	μπόι, το	Wuchs, Größe
μονομιάς	sofort, auf ein Mal	μπόρα, η	Regenguß
μονοπάτι, το	Pfad	μπορώ	können
μονορούφι	auf einen Zug	μπουζούκι, το	Busuki
μόνος	allein	μπουκάλι, το	Flasche
μονότονος	monoton	μπούρδες, οι	Quatsch, Unsinn
μοντέρνος	modern	μπούτι, το	Keule, Schenkel
μορφή, η	Gestalt, Form	μπράβο	bravo
μορφώνω	bilden	μπράτσο, το	Arm
μοσχάρι, το	Rind	μπριζόλα, η	Kotelett
μοσχοβολάω	duften	μπροστά	vorne
μοτοσυκλέτα, η	Motorrad	μπρούσικος	herb (Wein)
μουλάρι, το	Maulesel	μυαλό, το	Verstand, Gehirn
μουρμουρίζω	murmeln	μύδι, το	Miesmuschel
μουσείο, το	Museum	μυζήθρα, η	Quark
μουσική, η	Musik	μυθιστόρημα, το	Roman
μουσκεύω	einweichen	μύθος, ο	Mythos, Fabel
μουστάκι, το	Schnurrbart	μύλος, ο	Mühle
μούτρο, το	Schnauze, Visage	μυλωνάς, ο	Müller
μπα!	ach was, nein!	μυρίζω	riechen
μπάγκος, ο	(Sitz)Bank	μυρμήγκι, το	Ameise
μπαγιάτικος	alt (bei Lebensmitteln)	μυρωδιά, η	Geruch
μπαίνω	hineingehen, -kommen, hereingehen, -kommen	μυστικό, το	Geheimnis
μπακάλης, ο	Krämer	μυστικός	geheim
μπακάλικο, το	Gemischtwarenladen	μυτερός	spitz
		μύτη, η	Nase
		μωρό, το	Baby

ν

ναι	ja
νανούρισμα	Wiegenlied
ναός, ο	Tempel, Kirche
νάϋλον, το	Plastik(Ware)
ναυμαχία, η	Seeschlacht
ναύτης, ο	Matrose
ναυτικός	See-, Seemann
νέα, τα	Nachrichten, Neuigkeiten
νεαρός, ο	junger Mann
νεκρός	tot
νεκρώσιμος	Toten-, Trauer-
νεοελληνικά, τα	Neugriechisch
νεοελληνικός	neugriechisch
νεολαία, η	Jugend
νεότητα, η	Jugend
νέος	jung, neu
νευριάζω	sich aufregen
νευρικός	nervös
νεύρο, το	Nerv
νεφρά, τα	Nieren
νηπιαγωγείο, το	Kindergarten
νησί, το	Insel
νηστεία, η	Fasten
νηστεύω	fasten
νηστήσιμα	Fastenspeisen
νηστικός	nüchtern
νιάτα, τα	Jugend
νικάω	(be)siegen, gewinnen
νικητής, ο	Gewinner
νιπτήρας, ο	Waschbecken
νιώθω	fühlen, empfinden
νόημα, το	Sinn
νοιάζει, με -	es geht mich an
νοικιάζω	mieten, vermieten
νοικοκυρά, η	Zimmerwirtin
νοικοκυριό, το	Haushalt
νοικοκύρης, ο	Hausherr
νομίζω	glauben, meinen
νόμισμα, το	Münze, Geldstück
νόμος, ο	Gesetz
νομός, ο	Gau, Verwaltungskreis
νοοτροπία, η	Mentalität
νοσοκόμα, η	Krankenschwester
νοσοκομείο, το	Krankenhaus
νοσταλγία, η	Heimweh
νόστιμος	schmackhaft, lecker
νότιος	südlich
νότος, ο	Süden
νούμερο, το	Ziffer, Größe (bei Kleidungsstücken)
νουνός, ο -ά, η	Patenonkel, -tante
νους, ο	Geist, Verstand
ντεσέρ, το	Nachtisch
ντισκοτέκ, η	Diskothek
ντολμαδάκια, τα	Dolmadakia
ντομάτα, η	Tomate
ντόπιος	einheimisch
ντουλάπα, η	Schrank
ντους, το	Dusche
ντρέπομαι	sich schämen
ντροπαλός	schüchtern, verlegen
ντροπή, η	Schande
ντυμένος	angezogen
ντύνομαι	sich anziehen
ντύσιμο, το	Anziehen
νυστάζω	müde sein
νύφη, η	Braut, Schwiegertochter
νύχι, το	(Finger)Nagel
νύχτα, η	Nacht
νυχτικιά, η	Nachthemd
νυχτώνει	es wird Nacht
νωρίς	früh

ξ

ξαγρυπνάω	wachen, nicht schlafen können
ξαδέρφη, η	Cousine
ξάδερφος, ο	Cousin
ξαδέρφια, τα	Neffen und Nichten
ξακουστός	berühmt
ξαλαφρώνω	erleichtern
ξανά	wieder, erneut
ξανθός	blond, hell
ξαπλώνω	sich hinlegen
ξαπλωμένος	ausgebreitet, liegend
ξαφνιάζω	überraschen

ξαφνικά	plötzlich (Adv.)
ξεκάθαρος	sehr deutlich, ganz klar
ξεκινάω	aufbrechen, abfahren, starten
ξεκουράζομαι	sich erholen
ξεναγός, ο, η	Reiseleiter(in) Fremdenführer(in)
ξενιτιά, η	Fremde
ξεμπλέκω	sich herauswinden
ξενοδοχείο, το	Hotel
ξενοδόχος, ο	Hotelier
ξένος	fremd, ausländisch
ξένος, ο	Gast, Fremder, Ausländer
ξενυχτάω	die Nacht zubringen
ξενύχτι, το	Aufbleiben, Nachtschwärmerei
ξεπερνάω	überholen, übertreffen
ξερός	trocken
ξέρω	wissen
ξεσκονίζω	abstauben
ξεχνάω	vergessen
ξεχωρίζω	unterscheiden
ξεσυνηθίζω	entwöhnt werden
ξεφεύγω	entwischen, abkommen
ξεφυλλίζω	durchblättern
ξεχωριστός	getrennt, einzeln
ξημέρωμα, το	Tagesanbruch
ξημερώνει	es wird Tag
ξιφίας, ο	Schwertfisch
ξοδεύω	ausgeben
ξύδι, το	Essig
ξύλο, το	Holz, auch: Schläge
ξυνός	sauer, säuerlich
ξύνω	kratzen, (ab)schaben
ξυπνάω	aufwachen, aufwecken
ξυπνητήρι, το	Wecker
ξύπνιος	wach
ξυπόλητος	barfuß
ξυράφι, το	Rasiermesser
ξυρίζω	scheren
ξυριστική μηχανή, η	Rasierapparat

Ο

οδηγίες, οι	Gebrauchsanweisung
οδηγός, ο	Fahrer, Führer
οδηγώ	leiten, führen
οδοιπόρος, ο	Wanderer
οδοντόβουρτσα, η	Zahnbürste
οδοντογιατρός, ο	Zahnarzt
οδός, η	Straße (offiziell)
οικιακός	häuslich, haushalt-
οικισμός, ο	Siedlung
οικογένεια, η	Familie
οικοδόμος, ο	Maurer
οικονομία, η	Wirtschaft, Sparsamkeit
οικονομικός	wirtschaftlich, finanziell
οικόπεδο, το	Grundstück
ολάκερος	ganz
Ολλανδός, ο -έζα, η	Holländer(in)
όλο / ολοένα	immer
ολόγυμνος	ganz nackt
όλοι	alle
όλο και όλο	im ganzen
ολόκληρος	ganz
ολοκληρώνω	vervollständigen
όλος	ganz
ολότελα	ganz u. gar
ομάδα, η	Gruppe, Mannschaft
ομαδικός	gemeinsam
ομαλός	glatt, gleichmäßig, reibungslos
ομίχλη, η	Nebel
όμοιος	gleich, ähnlich
ομολογώ	zugeben, eingestehen
ομόνοια, η	Einigkeit
ομορφιά, η	Schönheit
όμορφος	hübsch
ομπρέλα, η	Schirm
ομώνυμος	gleichlautend
όμως	doch, aber
ονειρεύομαι	träumen
όνειρο, το	Traum
όνομα, το	(Vor)Name
ονομάζω	(be)nennen
όπλο, το	Waffe, Gewehr

όποιος	wer (rel.), wer immer
ο οποίος / η οποία / το οποίο	welcher (Relativpronomen)
όποτε	jedesmal wenn
όπου	wo (rel.)
όπως	wie
οπωσδήποτε	unbedingt, auf jeden Fall
οργανισμός, ο	Organisation
όργανο, το	Organ, (Musik)-Instrument
οργανώνω	organisieren
οργάνωση, η	Organisation
οργή, η	Zorn, Wut
οργώνω	pflügen
ορεινός	gebirgig
ορεκτικό, το	Appetitanreger
όρθιος	im Stehen, aufrecht
ορθόδοξος	orthodox
ορθοπεδικός, ο	Orthopäde
ορθός	korrekt, richtig
ορίζω	bestimmen
ορισμένος	bestimmt
ορισμός	Definition
ορίστε	bitte sehr
οριστικός	definitif
ορκίζομαι	schwören
όρκος, ο	Schwur, Eid
ορμή, η	Ansturm
ορμάω	sich stürzen auf, stürmen
όροφος, ο	Stockwerk
ορφανός, ο	Waise
όσο	solange, so viel, wie sehr
όσοι	alle die
όταν	wenn (temp.), als
όσο και αν	so sehr auch
ότι	daß
ό,τι	was (rel.)
ουδέποτε	nie
ούζο, το	Uso
ουρά, η	Schwanz, (Menschen)Schlange
ουρανός, ο	Himmel
ουρλιάζω	brüllen
ουσία, η	Substanz, Stoff, Wesen
ούτε	und nicht, auch nicht, nicht einmal
ούτε ... ούτε	weder ... noch
οφείλω	schulden
οφθαλμίατρος, ο	Augenarzt
όχθη, η	Ufer
όχι	nein, nicht

π

παγίδα, η	Falle
πάγος, ο	Eis
παγωμένος	eiskalt
παγώνω	einfrieren, frieren
παγωτό, το	(Speise)Eis
παζάρι, το	Markt
παζάρι, κάνω -	handeln (im Preis)
πάει	geht, bringt, ist weg
παθαίνω	erleiden
παθολόγος, ο	prakt. Arzt
πάθος, το	Leidenschaft
παιδεία, η	Erziehung, Bildung
παιδεύω	strafen, quälen
παιδί, το	Kind
παιδικός	Kinder-
παιδικός σταθμός	Kindergarten
παίζω	spielen
παινεύω	loben
παίρνω	nehmen, bekommen
παίρνω (στο) τηλέφωνο	anrufen, telefonieren
παιχνίδι, το	Spiel, Spielzeug
πακέτο, το	Paket
παλαβός	verrückt
παλάμη, η	Handfläche
παλάτι, το	Palast
παλεύω	ringen
πάλι(ν)	wieder, wiederum
παλικάρι, το	junger Mann
παλιο-	Mist-
παλιός	alt (v. Sachen)
παλιώνω	alt werden (v. Sachen)
παλμός, ο	Pulsschlag
παλτό, το	Mantel
πάμπολλα	sehr viele
Παναγία, η	Gottesmutter, («Allerheiligste»)

πανεπιστήμιο, το	Universität
πανηγύρι, το	Fest, Kirmes, Jahrmarkt
πανί, το	Lappen, Windel, Segel
πάντα	immer
πάντα, τα	alles
πανταλόνι, το	Hose
παντζάρι, το	rote Beete, Rübe
πάντοτε	immer
παντού	überall
παντρεμένος	verheiratet
παντρεύομαι	heiraten
πάντως	jedenfalls
πάνω	oben
παξιμάδι, το	Zwieback
παπάς, ο	Pfarrer, Priester
πάπια, η	Ente
παπιγιόν, το	Fliege, Papillon
πάπλωμα, το	Steppdecke
παπουτσής, ο	Schuhmacher
παπούτσι, το	Schuh
παππούς, ο	Großvater
παρά	als, außer
παραγάδι, το	Angelhakenschnur
παραγγελία, η	Bestellung
παραγγέλνω	bestellen
παραγωγή, η	Produktion
παράδειγμα, το	Beispiel
παραδείγματος χάριν = π.χ.	zum Beispiel = z.B.
παράδεισος, ο	Paradies
παραδέχομαι	zugeben, annehmen
παράδοξος	merkwürdig, sonderbar
παράδοση, η	Überlieferung, Tradition
παράθυρο, το	Fenster
παραιτούμαι	abdanken
παρακαλώ	bitten
παρακάνω, το -	es übertreiben
παρακάτω	weiter
παρακολουθώ	folgen
παραλία, η	Küste
παράλογος	absurd
παραμονή, η	Tag/Abend vor einem Fest/Feiertag
παραμύθι, το	Märchen
παρανόηση, η	Mißverständnis
παράνομος	widerrechtlich
παραξενεύομαι	erstaunt sein
παράξενος	merkwürdig, eigenartig
παραπάνω	darüber hinaus
παραπέρα	weiter drüben
πάρα πολύ	sehr (viel)
παραπονιέμαι	sich beklagen, sich beschweren
παράπονο, το	Beschwerde
παρασέρνω	fortreißen
Παρασκευή, η	Freitag
παράσταση, η	Vorstellung
παρατάω	etw. aufgeben
παρατηράω	beobachten, bemerken
παράφορος	leidenschaftlich
παρέα, η	Gesellschaft, Gruppe
παρελθόν, το	Vergangenheit
παρεξήγηση, η	Mißverständnis
παρηγορώ	trösten
πάροδος, η	Nebenstraße
παροιμία, η	Sprichwort
παρόλα αυτά	trotzdem
παρόν, το	Gegenwart
παρουσία, η	Anwesenheit
παρουσιάζω	vorstellen, vorführen, präsentieren
παρτίδα, η	Partie (beim Spiel)
πασαλείβω	einschmieren
Πάσχα, το	Ostern
πατάτα, η	Kartoffel
πατάω	treten
πατέρας, ο	Vater
πατρίδα, η	Heimat
πατριώτης, ο	Landsmann
πατσαβούρα, η	Lumpen
πάτωμα, το	Fußboden, Stockwerk
παύω	aufhören, (be)enden
παχύς	fett, dick
πάω	gehen
πεδιάδα, η	Ebene
πέδιλα, τα	Sandalen
πεζοδρόμιο, το	Bürgersteig
πεζός, (ο)	zu Fuß, Fußgänger
πεθαίνω	sterben
πεθερά, η	Schwiegermutter
πεθερικά, τα	Schwiegereltern
πεθερός, ο	Schwiegervater

πείθω	überzeugen
πείνα, η	Hunger
πεινάω	Hunger haben
πείρα, η	Erfahrung
πειράζω	necken
(δεν) πειράζει	es macht was (nichts)
πειρασμός, ο	Versuchung
πεισματάρης	trotzig, eigensinnig
πέλαγος, το	Meer
πελάτης, ο	Kunde
πελάτισσα, η	Kundin
πελώριος	riesig
Πέμπτη, η	Donnerstag
πένθος, το	Trauer
πέντε	fünf
πεπόνι, το	Zuckermelone
πέρασμα, το	Durchgang
περασμένος	vergangen
περαστικά!	gute Besserung!
περαστικός	vorübergehend
περήφανος	stolz
περιβάλλον, το	Umwelt, Milieu
περιβόλι, το	Garten
περιγράφω	beschreiben
περίεργος	merkwürdig, neugierig
περιεχόμενο, το	Inhalt
περιλαμβάνω	umfassen
περιμένω	warten, erwarten
περιοδεία, η	Rundreise, Tournée
περιοδικό, το	Zeitschrift
περιορίζω	einschränken, begrenzen
περιουσία, η	Vermögen
περιοχή, η	Gegend
περίπατος, ο	Spaziergang
περιπέτεια, η	Abenteuer
περιπλοκή, η	Komplikation
περιποιούμαι	sich kümmern
περίπου	ungefähr
περιπτεράς, ο	Verkäufer im Kiosk
περίπτερο, το	Kiosk
περίπτωση, η	Fall
περισσεύω	zu viel sein, überflüssig sein
περισσότερος	mehr
περίσταση, η	Umstand, Gelegenheit
περιστέρι, το	Taube

περιττός	überflüssig
περίφημος	berühmt, prächtig
περιφρονώ	verachten
περνάω	vorbei-, vorübergehen, -schauen, verbringen
περπατάω	(spazieren)gehen
πέρυσι / πέρσι	im vergangenen Jahr
πετάω	fliegen, weg-, rauswerfen
πετεινός	Hahn
πέτρα, η	Stein
πετσέτα, η	Serviette, Handtuch
πετσί, το	Haut
πετυχαίνω	erreichen, Erfolg haben, gelingen, treffen
πεύκο, το	Fichte
πέφτω	fallen
πηγάδι, το	Brunnen
πηγαινοέρχομαι	kommen und gehen
πηγαίνω	gehen
πηγή, η	Quelle
πηγούνι, το	Kinn
πηδάω	springen, hüpfen
πήδημα, το	Sprung
πια	mehr (Adv.)
πιάνω	fangen, fassen greifen
πιάτο, το	Teller
πιέζω	drücken, pressen
πίεση, η	Druck, Luftdruck, Blutdruck
πιθανός	wahrscheinlich
πικραίνω	kränken, betrüben
πικρός	bitter
πίνακας, ο	Tafel, Gemälde
πινακίδα, η	Schild
πίνω	trinken
πιο	mehr
πίπα, η	Pfeife
πιπέρι, το	Pfeffer
πιπεριά, η	Paprikaschote
πιρούνι, το	Gabel
πισίνα, η	Schwimmbad
πισινός, ο	Hintern
πιστεύω	glauben, meinen
πίστη, η	Glauben
πιστός	treu

πιστόλι, το	Pistole
πίσω	hinten
πίττα, η	Pastete, Blätterteig
πλαγιά, η	Hang
πλαγιάζω	sic hinlegen
πλάγιος	schräg, quer, schief
πλαζ, η	Strandschwimmbad
πλάθω	kneten, formen
πλάι	neben
πλαίσιο, το	Rahmen
πλάκα, η	Platte
πλανιέμαι	herumirren
πλάνο, το	Plan
πλάσμα, το	Geschöpf
πλαστός	gefälscht, unecht
πλάτανος, ο	Platane
πλατεία,	Platz
πλάτη, η	Rücken
πλατύς	breit
πλειοψηφία, η	Mehrheit
πλέκω	stricken
πλεμόνι, το	Lunge
πλένομαι	sich waschen
πλένω	waschen
πλεονέκτημα, το	Vorteil
πλευρά, η	Seite
πλευρό, το	Flanke, Seite
πληγή, η	Wunde
πληγώνω	verwunden
πλήθος, το	Menge, Masse
πληθυσμός, ο	Bevölkerung
πληθωρισμός, ο	Inflation
πλήρης	vollständig
πληροφορία, η	Information
πληρωμή, η	Bezahlung
πληρώνω	bezahlen
πλησιάζω	sich nähern, sich wenden an
πλήττω	sich langweilen
πλοίο, το	Schiff
πλούσιος	reich
πλούτος, ο	Reichtum
πλυντήριο, το	Waschmaschine
πνεύμα, το	Geist
πνευματικός	geistig
πνεύμονας, ο	Lunge
πνίγομαι	ertrinken, ersticken
ποδήλατο, το	Fahrrad
πόδι, το	Fuß, Bein
ποδιά, η	Schürze
ποδόσφαιρο, το	Fußball
ποθώ	verlangen
ποιητής, ο	Dichter
ποικιλία, η	Mannigfaltigkeit, Variation
ποιος;	wer?
ποιότητα, η	Qualität
πολεμάω	(be)kämpfen
πολεμικός	Kriegs-
πόλεμος, ο	Krieg
πόλη, η	Stadt
πολιορκία, η	Belagerung
πολιτεία, η	Staat, Stadt
πολίτευμα, το	Regierungsform
πολίτης, ο	Bürger
πολιτική, η	Politik
πολιτικός	politisch
πολιτισμός, ο	Kultur, Zivilisation
πολιτιστικός	kulturell
πολλαπλασιάζω	vervielfältigen
πολλές φορές	oft
πολύ	sehr
πολύ, το -	höchstens
πολυθρόνα, η	Sessel
πολυκατοικία, η	Mehrfamilienhaus
πολύς	viel
πολυτέλεια, η	Luxus
πολύτιμος	kostbar
πονάω	Schmerzen haben, schmerzen
πονηρός	schlau
πονοκέφαλος, ο	Kopfweh
πόνος, ο	Schmerz
ποντίκι, το / ποντικός, ο	Maus
πόντος, ο	Zentimeter, Punkt (b. Spiel)
πόρτα, η	Tür
πορτοκαλάδα, η	Orangeade
πορτοκάλι, το	Apfelsine
πορτοφόλι, το	Brieftasche
πορτραίτο, το	Portrait
ποσό, το	Summe, Betrag
πόσος; πόσο;	wieviel?
ποσοστό, το	Prozentsatz
ποσότητα, η	Quantität

ποτάμι, το / ποταμός, ο	Fluß
ποτέ	nie, jemals
πότε;	wann?
πότε... πότε	hin u. wieder
ποτήρι, το	(Trink)Glas, Becher
ποτίζω	(be)gießen
ποτό, το	Getränk
πού;	wo? wohin?
που	«wo» (Rel.-pronomen)
που και που	hin u. wieder
πουθενά	(n)irgendwo
πουκάμισο, το	Hemd
πουλάω	verkaufen
πούλι, το	Spielstein
πουλί, το	Vogel
πουλόβερ, το	Pulli
πρά(γ)μα, το	Sache, Ding
πράγματι	tatsächlich (Adv.)
πραγματικός	tatsächlich
πραγματοποιώ	verwirklichen
πράξη, η	Tat, Handlung
πρακτορείο, το	Agentur, Büro
πράσινος	grün
πρέπει	muß
πρεσβεία, η	Botschaft
πρήζω	anschwellen
πρίγκιπας, ο	Prinz
πρίζα, η	Steckdose
πριν	vor, bevor, vorher
προάλλες, τις -	neulich
προάστιο, το	Vorort
προβάλλω	propagieren, vorbringen
πρόβατο, το	Schaf
πρόβειος	Schafs-
πρόβλεψη, η	Vorausschau
πρόβλημα, το	Problem
πρόγονος, ο	Vorfahre
πρόγραμμα, το	Programm
προδίνω	verraten
προδοσία, η	Verrat
προδότης, ο	Verräter
πρόεδρος, ο	Präsident, Vorsitzender, Bürgermeister
προετοιμάζω	vorbereiten
προηγούμενος	vorangehend, vor-
πρόθεση, η	Absicht
πρόθυμος	bereit
προίκα, η	Aussteuer
προϊόν, το	Produkt
προϊστάμενος, ο	Vorgesetzter, Chef
προκαλώ	provozieren
πρόκειται (περί)	es handelt sich (um)
προκοπή, η	Fortschritt
προλαβαίνω	erreichen
προξενείο, το	Konsulat
πρόοδος, η	Fortschritt
προορισμός, ο	Bestimmung
πρόπερσι	im vorvergangenen Jahr
προπό, το	Toto
προς	in Richtung auf
προσβάλλω	beleidigen
προσευχή, η	Gebet
προσεχτικός	vorsichtig
προσέχω	aufpassen
προσεχώς	in Kürze
προσθέτω	hinzufügen
προσκαλώ	einladen
πρόσκληση	Einladung
προσκυνάω	verehren
προσοχή, η	Achtung, Vorsicht
προσπάθεια, η	Bemühung
προσπαθώ	sich bemühen
προσπερνάω	überholen
προσταγή, η	Befehl
προστάζω	befehlen
προστασία, η	Schutz
προστατεύω	beschützen
πρόστιμο, το	(Geld)Strafe
πρόστυχος	gemein, vulgär
πρόσφατος	frisch, neuest-
προσφέρω	anbieten, vorbringen
πρόσφυγας, ο	Flüchtling
προσωπικό, το	Personal
προσωπικός	persönlich
πρόσωπο, το	Gesicht, Person
προσωρινός	vorläufig
πρόταση, η	Satz, Vorschlag
προτείνω	vorschlagen
προτιμάω	vorziehen, lieber wollen

προτού	bevor
προφανώς	offenbar (Adv.)
προφέρω	aussprechen
προφορά	Aussprache
προφορικός	mündlich
προφταίνω	erreichen
πρόχειρος	provisorisch
προχτές	vorgestern, neulich
προχωράω	vorwärtsgehen, -kommen, fortschreiten
πρωθυπουργός, ο	Ministerpräsident
πρωί, το	Morgen, morgens
πρωινό, το	Frühstück
πρώτα	zuerst, zunächst
πρωτεύουσα, η	Hauptstadt
πρωτοβουλία, η	Initiative
πρώτον	erstens
Πρωτοχρονιά, η	Neujahr
πρωτύτερα	vorher
πτώμα, το	Leiche
πυκνός	dicht
πύργος, ο	Turm
πυρετός, ο	Fieber
πυρκαγιά, η	Brand
πως	daß
πώς	wie? doch
πως δε(ν)	und ob

ρ

ράβω	nähen, schneidern
ραγίζω	springen, Sprünge bekommen
ραδιόφωνο, το	Radio
ραντεβού, το	Verabredung
ράφι, το	Regal(brett)
ράφτης, ο	Schneider
ράχη, η	Rücken
ρεζίλι, το	Blamage
ρεκλάμα, η	Reklame
ρέμβη, η	Träumerei
ρέστα, τα	Restgeld
ρετσίνα, η	Retsina
ρεύμα, το	Strom, Strömung, Luftzug
ρήμα, το	Verb
ρημάζω	verwüsten
ρηχός	seicht
ρίγανη, η	Origano
ριγώνω	linieren
ρίζα, η	Wurzel
ρίχνω	werfen
ρόδα, η	Rad
ροδάκινο, το	Pfirsisch
ροζ	rosé
ρολόι, το	Uhr
ρόλος, ο	Rolle
ρουφάω	schlürfen, aufsaugen
ρούχα, τα	Kleider
ρουχισμός, ο	Kleidung
ροχαλίζω	schnarchen
ρυάκι, το	Bach
ρύζι, το	Reis
Ρωμιός, ο	Grieche
-ά, η	Griechin
Ρώσος, ο	Russe,
-ίδα, η	Russin
ρωτάω	fragen

σ

Σάββατο, το	Samstag
Σαββατοκύριακο, το	Wochenende
σακάκι, το	Jackett
σακατεμένος	verstümmelt
σακί, το	Sack
σακίδιο, το	Rucksack
σάκος, ο	Sack
σακούλα, η	Tüte
σαλάτα, η	Salat
σαλεύω	schwanken lassen, rütteln
σαλόνι, το	Salon
σάλτσα, η	Sauce
σάμπως	als ob
σα(ν)	wenn, als, wie
σανίδα, η	Brett
σάπιος	faul, verdorben
σαπούνι, το	Seife
σαρακοστή, η	(Oster)Fastenzeit
σαρδέλα, η	Sardelle

σάρκα, η	Fleisch
σβέλτος	behend, gewandt
σβήνω	löschen
σγουρός	kraushaar-
σε	in, an, auf, nach, bei, zu
σεβασμός, ο	Respekt, Verehrung
σέβομαι	verehren
σειρά, η	Reihe
σελαγίζω	glänzen
σε λίγο	in kurzem, bald
σελίδα, η	(Buch)Seite
σελίνι, το	Schilling
σεμνός	bescheiden, anständig
σεντόνι, το	Bettlaken
σερβίρω	servieren
σέρνω	ziehen
σηκώνομαι	aufstehen
σηκώνω	(auf)heben
σημαδεύω	kennzeichen, zielen auf
σημάδι, το	Zeichen
σημαία, η	Flagge, Fahne
σημαίνω	bedeuten
σημαντικός	wichtig
σημασία, η	Bedeutung
σημείο, το	Stelle, Punkt
σημειώνω	notieren, aufschreiben
σήμερα	heute
σημερινός	heutig
σιάζω / σιάχνω	in Ordnung bringen
σιγά	ruhig, leise, langsam
σιγά σιγά	langsam
σίγουρα	sicher (Adv.)
σίγουρος	sicher
σίδερο, το	Eisen, Bügeleisen
σιδερώνω	bügeln
σιδηρόδρομος, ο	Eisenbahn
σινεμά, το	Kino
σιτάρι, το	Getreide
σιχαίνομαι	sich ekeln
σιωπή, η	Schweigen
σιωπηλός	scweigsam
σκάβω	graben
σκά(ζ)ω/σκάνω	platzen
σκάλα, η	Leiter, Treppe
σκαλί, το	Treppenstufe
σκαλίζω	(um)graben, scharren, durchwühlen
σκαλοπάτια, τα	Stufen
σκαμνί, το	Hocker
σκάνδαλο, το	Skandal
σκάρα, η	(Grill)Rost
σκαρφαλώνω	klettern
σκελίδα, η	Zehe (bei Knoblauch)
σκεπάζω	(zu)decken, bedecken
σκέπτομαι/ σκέφτομαι	denken an
σκέτος	pur
σκεύος, το	Gerät
σκέψη, η	Gedanke
σκηνή, η	Bühne, Szene
σκηνοθεσία, η	Regie
σκίζω	zerreißen
σλάβος, ο	Sklave
σκληρός	hart
σκοινί, το	Seil, Leine, Tau
σκόνη, η	Staub
σκοπεύω	vorhaben
σκοπός, ο	Ziel, Absicht
σκόρδο, το	Knoblauch
σκορπίζω	verstreuen
σκοτάδι, το	Dunkel, Finsternis
σκοτεινιάζω	dunkel werden
σκοτεινός	dunkel, finster
σκοτώνω	töten
σκουλίκι, το	Wurm
σκουντάω	(an)stoßen
σκούπα,	Besen
σκουπίδια, τα	Abfall, Müll
σκουπίζω	fegen, abputzen, abtrocknen
σκουριάζω	rosten
σκούρος	dunkel
σκούφος, ο	Mütze
σκύβω	sich bücken
σκυλί, το / σκύλος, ο	Hund
σοβαρός	ernst, seriös
σόι, το	Familie, Geschlecht
σοκάκι, το	Gasse

σοκολάτα, η	Schokolade
σόμπα, η	Ofen
σούβλα, η	Spieß
σούπα, η	Suppe
σουπερμάρκετ, το	Supermarkt
σούρουπο, το	Abenddämmerung
σοφέρ, ο	Chauffeur
σοφία, η	Weisheit
σοφός	weise
σπάγκος, ο	Schnur
σπά(ζ)ω	(etw.) brechen
σπαθί, το	Schwert
σπάνιος	selten
σπαταλάω	verschleudern
σπέρνω	säen
σπηλιά, η	Höhle
σπίρτα, τα	Streichhölzer
σπίτι, το	Haus
σπλάχνα, τα	Eingeweide,«Schoß»
σπόρος, ο	Same
σπουδάζω	studieren
σπουδαίος	wichtig
σπρώχνω	stoßen, drängeln
σπυρί, ο	Pickel
στάβλος, ο	Stall
σταγόνα, η	Tropfen
στάζω	tropfen
σταθμός, ο	Bahnhof
στάλα, η	Tropfen
σταματάω	stehenbleiben, zum Stehen bringen
στάμνα, η	(Wasser)Krug
στάνη, η	Stall
στάση, η	Haltestelle, Aufenthalt
στατιστικός	statistisch
σταυρός, ο	Kreuz
σταφύλι, το	(Wein)Traube
στάχτη, η	Asche
σταχτοδοχείο, το	Aschenbecher
στέγη, η	Dach
στεγνός	trocken
στεγνώνω	trocken werden, trocknen
στέκω / στέκομαι	(da)stehen, stehen bleiben
στέλνω	schicken
στενός	eng, schmal
στενοχωρημένος	bedrückt, traurig

στενοχώρια, η	Kummer
στενοχωριέμαι	besorgt, bedrückt, traurig sein
στεριά, η	Festland
στερνός	später-, letzt-
στερούμαι	entbehren, nicht haben
στεφάνι, το	Kranz
στήθος, το	Brust
στήνω	aufstellen, aufrichten
στηρίζω	stützen
στιγμή, η	Augenblick, Moment
στοιχείο, το	Element
στοίχημα, βάζω -	wetten
στοιχίζει	(es) kostet
στολίζω	schmücken
στόμα, το	Mund
στομάχι, το	Magen
στοργή, η	Liebe, Zuneigung
στόχος, ο	Ziel, Zielscheibe
στραβός	krumm
στρατηγός, ο	General
στρατιώτης, ο	Soldat
στρατός, ο	Heer, Militär
στρίβω	abbiegen
στρίγγλα, η	Hexe
στριμώχνω	zusammendrängen, bedrängen
στρογγυλός	rund
στροφή, η	Wendung, Kurve
στρώμα, το	Matratze
στρώνω	ausbreiten
στυλό, το	Kugelschreiber, Füller
στυφός	herb, säuerlich
συγγενείς, οι	Verwandte
συγγενής	verwandt
συγγνώμη, η	Verzeihung
συγγραφέας, ο	Schriftsteller
συγκεκριμένος	konkret
συγκεντρωμένος	konzentriert
συγκεντρώνω	versammeln
συγκέντρωση, η	Versammlung
συγκινώ	bewegen
συγκίνηση, η	Rührung, Gemütsbewegung, Aufregung

συγκοινωνία, η	Verkehrsverbindung
σύγκριση, η	Vergleich
συγκρότημα, το	Gruppe, Block
σύγκρουση, η	Zusammenstoß, Konflikt
συγυρίζω	aufräumen
συγχαίρω	jem. beglückwünschen
συγχαρητήρια, τα	Glückwünsche
σύγχρονος	heutig, zeitgemäß, zeitgenössisch
συγχρόνως	gleichzeitig (Adv.)
σύγχυση, η	Durcheinander
συγχωρώ	verzeihen
συγχωρείτε, με -	Entschuldigung! Verzeihung!
συζητάω	sich unterhalten
συζήτηση, η	Unterhaltung, Diskussion, Gespräch
σύζυγος, ο, η	Mann/Frau (als Ehepartner)
σύκο, το	Feige
συκώτι, το	Leber
συλλαβή, η	Silbe
συλλογίζομαι	denken an, bedenken, erwägen
συμβαίνει	es geschieht
συμβιβασμός, ο	Kompromiß
συμβόλαιο, το	Vertrag
σύμβολο, το	Symbol
συμβουλεύω	raten, zuraten
συμβουλή, η	Rat
συμβούλιο, το	Rat (als Institution
σύμμαχος	verbündet
συμπάθεια, η	Sympathie
συμπαθώ	jem. mögen
συμπέρασμα, το	Ergebnis, Schlußfolgerung
συμπεριφορά, η	Benehmen, Betragen
συμπίπτω	zusammenfallen
συμπλήρωμα, το	Ergänzung
συμπληρώνω	ergänzen
σύμπτωση, η	Zufall
συμφέρει	es nützt mir
συμφέρον, το	Nutzen
συμφορά, η	Notlage, Unglück
σύμφωνα με	im Einklang mit
συμφωνία, η	Abmachung
σύμφωνος	einverstanden
συμφωνώ	übereinstimmen
συνάδελφος, ο, η	Kollege / -in
συναντάω	treffen
συναυλία, η	Konzert
συνάχι, το	Schnupfen
συνδυασμός, ο	Kombination
συνείδηση, η	Gewissen, Bewußtsein
συνέλευση, η	Versammlung
συνεννοούμαι	sich verständigen
συνέπεια, η	Folge, Konsequenz
συνεργάζομαι	zusammenarbeiten
συνεργασία, η	Zusammenarbeit
συνέρχομαι	zu sich kommen
συνέχεια, η	Fortsetzung
συνέχεια	dauernd, laufend, fortwährend
συνεχίζω	fortsetzen
συνεχώς	fortwährend
σηνήθεια, η	Gewohnheit
συνηθίζω	gewohnt sein, sich gewöhnen an
συνήθως	gewöhnlich
συννεφιασμένος	bewölkt
σύννεφο, το	Wolke
συνοδεύω	begleiten
συνοικία, η	Wohnviertel
συνολικά	insgesamt
σύνολο, το	Summe, Gesamtheit
σύνορα, τα	Grenze
συνταγή, η	Rezept
σύνταγμα, το	Verfassung
σύνταξη, η	Pension (im Alter)
σύντομα	schnell, bald (Adv.)
σύντομος	schnell, kurz
συντροφιά, η	Gesellschaft
συντροφεύω	begleiten
σύντροφος, ο	Kamerad, Genosse
σύρμα, το	Draht
συρτάκι, το	Syrtakitanz
συρτάρι, το	Schublade
σύσταση, η	Adresse
συστημένος	eingeschrieben (Post)
συστήνω	vorstellen
συχνά	oft, häufig (Adv.)
συχνάζω	verkehren, Stammgast sein

σφάζω	schlachten
σφαίρα, η	Kugel
σφαλμα, το	Fehler
σφίγγω	drücken, pressen
σφιχτός	fest
σφουγγάρι, το	Schwamm
σφραγίδα, η	Stempel
σφυρίζω	pfeifen
σχεδιάζω	planen, entwerfen
σχέδιο, το	Plan
σχεδόν	beinahe, fast
σχέση, η	Bezug, Verhältnis
σχετικά με	im Verhältnis zu
σχετικός	relativ
σχήμα, το	Form
σχηματίζω	formen
σχολνάω	Feierabend haben
σχολείο, το	Schule
σχολικός	Schul-
σώβρακο, το	Unterhose
σώζω	retten
σωλήνας, ο	Röhre, Rohr
σώμα, το	Körper
σωπαίνω	schweigen, zum Schweigen bringen
σωριάζομαι	zusammenbrechen
σωρός, ο	Stapel, Berg, Haufe
σωρό, ένα -	eine Menge
σωστός	richtig

τ

ταβάνι, το	(Zimmer)Decke
ταβέρνα, η	Taverne
τάβλι, το	Tavlispiel
τάζω	geloben
ταΐζω	füttern
ταινία, η	Film
ταιριάζω	passen
τακτικός	regelmäßig
τακτοποιώ	in Ordnung bringen, regeln
ταλαιπωρώ	quälen, plagen
τάλιρο, το	Fünfdrachmenstück
ταμείο, το	Kasse
ταμίας, ο	Kassierer
ταμπέλα, η	Schild
τάξη, η	Ordnung, Klasse
ταξί, το	Taxi
ταξιδεύω	reisen
ταξίδι, το	Reise
ταπεινός	niedrig, bescheiden
ταραγμένος	erschreckt
ταράζω	aufwühlen, erschüttern
ταράτσα, η	Terrasse
ταραχή, η	Unruhe, Aufregung
τασάκι, το	Aschenbecher
τάση, η	Neigung, Tendenz, Spannung
ταύρος, ο	Stier
ταυτότητα, η	Identität, Personalausweis
τάφος, ο	Grab
τάχα	angeblich, eigentlich
ταχυδρομείο, το	Post
ταχυδρόμος, ο	Briefträger
ταχύτητα, η	Geschwindigkeit
ταψί, το	Backblech
τείχος, το	Mauer
τελεία, η	Punkt
τέλειος	vollkommen, komplett
τελειώνω	beenden, fertig machen
τελείως	vollständig
τελετή, η	Feier
τελευταίος	letzter
τελικά	am Ende
τέλος, το	Ende
τελοσπάντων	endlich, schließlich eigentlich
τελωνείο, το	Zoll
τελώνης, ο	Zollbeamter
τεμενάς, ο	Verbeugung
τεμπέλης	faul
τενεκές, ο	Blech, Taugenichts
τεντώνω	strecken, spannen
τέρας, το	Monster
τεράστιος	ungeheuer, gewaltig
τέρμα, το	Endpunkt, Ziel
Τετάρτη, η	Mittwoch
τέταρτο, το	Viertel
τέτοιος	solcher
τετράγωνο, το	Quadrat
τετράγωνος	viereckig

τεύχος, το	Heft
τέχνη, η	Kunst, Handwerk
τεχνίτης, ο	Handwerker
τζάκι, το	Herd, Kamin
τζάμι, το	(Fenster)Scheibe
τζαμί, το	Moschee
τζάμπα	umsonst
τζίτζικας, ο	Zikade
τηγανητός	gebraten
τηγάνι, το	Pfanne
τηγανίζω	in der Pfanne braten
τηλεγράφημα, το	Telegramm
τηλεόραση, η	Fernsehen, Fernsehapparat
τηλεφωνάω	telefonieren
τηλεφώνημα, το	Anruf
τηλέφωνο, το	Telefon
τι;	was?
τιμάω	ehren
τιμή, η	Ehre, Preiw
τίμιος	ehrlich
τιμόνι, το	Steuer (Auto)
τιμωρία, η	Strafe
τιμωρώ	strafen
τινάζω	schütteln
τίνος;	wessen?
τίποτα	etwas, nichts
τίτλος, ο	Überschrift, Titel
τμήμα, το	Abteilung, Polizeistation
τοίχος, ο	Wand
τόκος, ο	Zins
τολμάω	wagen
τόμος, ο	Band (Buch)
τόνος, ο	Ton, Akzent
τόπι, το	(Spiel)Ball
τοπίο, το	Landschaft
τοποθετώ	stellen
τόπος, ο	Platz, Ort
τόσος;	so viel, -groß
τόση ώρα	so lange (Zeit)
τόσον καιρό	so lange
τόσο ... όσο	so ... wie
τότε	dann, damals
τουαλέτα, η	Toilette
τούβλο, το	Backstein
τουλάχιστο(ν)	mindestens
τουρισμός, ο	Tourismus
τουρίστας, ο	Tourist
Τούρκος, ο ισσα, -άλα, η	Türke/-in
τούτος	dieser
τουφέκι, το	Gewehr
τραβάω	ziehen
τράγος, ο	Bock
τραγουδάω	singen
τραγούδι, το	Lied
τραγωδία, η	Tragödie
τρανός	gewaltig
τράπεζα, η	Bank
τραπεζαρία, η	Eßzimmer
τραπέζι, το	Tisch
τραπεζομάντηλο, το	Tischdecke
τραύμα, το	Wunde
τραυματίζω	verwunden
τραχύς	rauh
τρεις, τρία	drei
τρέλα, η	Wahnsinn, Verrücktheit, Blödsinn
τρελαίνω	verrückt machen
τρελός	verrückt
τρέμω	zittern
τρένο, το	Zug (Eisenbahn)
τρέξιμο, το	Laufen
τρέφω	füttern, ernähren
τρέχω	rennen, laufen
τριαντάφυλλο, το	Rose
τρίβω	reiben
τριγυρίζω	umringen, herumschleichen
τρίγωνος	dreieckig
τρίζω	knarren, knirschen
τρικυμία, η	Meeressturm
Τρίτη, η	Dienstag
τριφύλλι, το	Klee
τρίχα, η	Haar
τρόλεϊ, το	Omnibus
τρομαγμένος	erschrocken, entsetzt
τρομάζω	erschrecken
τρομερός	furchtbar
τρόμος, ο	Schrecken, Angst
τρόπος, ο	Art und Weise
τροφή, η	Nahrung, Verpflegung

τρόφιμα, τα	Lebensmittel
τροχονόμος, ο	Verkehrspolizist
τροχός, ο	Rad
τρύπα, η	Loch
τρυφερός	zärtlich, zart
τρώ(γ)ω	essen
τσαγκάρης, ο	Schuhmacher
τσάι, το	Tee
τσακίζω	zerbrechen, zerdrücken
τσακώνομαι	sich streiten
τσαλακώνω	zerknittern
τσάντα, η	(Akten-, Hand-) Tasche
τσεκούρι, το	Beil
τσέπη, η	(Rock)Tasche
τσιγάρο, το	Zigarette
τσιμπάω	anbeißen, kneifen, eine Kleinigkeit essen
τσίρκο, το	Zirkus
τσίχλα, η	Kaugummi
τσομπάνης, ο	Hirte
τσουγκρίζω	anstoßen (beim Trinken)
τσούζω	brennen, beißen (Wunde)
τυλίγω	einwickeln
τυπικός	typisch
τύπος, ο	Typ, Art, Presse
τυπώνω	drucken
τυραννώ	tyrannisieren
τυρί, το	Käse
τυφλός	blind
τυχαία	zufällig
τυχαίνω	zufällig treffen, eintreten
τυχερός	glücklich, vom Glück begünstigt
τύψεις, οι	Gewissensbisse
τώρα	jetzt

υ

υγεία, η	Gesundheit
στην υγειά σου/σας	prost!
υγιεινός	gesund
υγρασία, η	Feuchtigkeit, Nässe
υλικά, τα	Zutaten
υλικός	materiell, stofflich
ύπαιθρο, στο -	im Freien
υπακούω	gehorchen
υπάλληλος, ο, η	Beamter, Angestellter
υπάρχω	existieren, bestehen
υπέρ	für, zugunsten von
υπερβάλλω	übertreiben
υπερβολικός	übertrieben
υπεύθυνος	verantwortlich
υπηκοότητα, η	Staatsangehörigkeit
υπηρεσία, η	Dienst
υπηρέτρια, η	Dienstmädchen
υπηρετώ	dienen, im Dienst sein
υπνοδωμάτιο, το	Schlafzimmer
ύπνος, ο	Schlaf
υπόγειο, το	Keller
υπογραφή, η	Unterschrift
υπογράφω	unterschreiben
υπόθεση, η	Sache
υποκύπτω	sich beugen
υπολογίζω	berechnen, veranschlagen
υπολογισμός, ο	Schätzung
υπόλοιπο, (το)	Rest, restlich
υπομονή, η	Geduld
υποπτεύομαι	vermuten, argwöhnen
υποστηρίζω	stützen
υπόσχομαι	versprechen
υπουργείο, το	Ministerium
υποφέρω	leiden, ertragen
υποχρεωμένος	verpflichtet
υποχρεώνω	jem. verpflichten
υποχρέωση, η	Verpflichtung
υποχωρώ	nachgeben
το έχω υπόψη μου	an etwas denken
υποψήφιος, ο	Kandidat
υποψία, η	Argwohn, Vermutung
ύστερα	später
υφαίνω	weben
υφαντό, το	gewebter Stoff
ύφασμα, το	Stoff

ύφος, το	Stil
υψηλός = ψηλός	hoch, groß
ύψος, το	Höhe

φ

φαγητό, το / φαΐ, το	Essen, Gericht
φαίνομαι	scheinen, erscheinen
φάκελος, ο	Briefumschlag, Akte, Dossier
φαλάκρα, η	Glatze
φαλακρός	glatzköpfig
φάμπρικα, η	Fabrik
φανάρι, το	Laterne, Ampel
φανέλα, η	Unterhemd
φανερός	offensichtlich, deutlich
φανερώνω	offenbaren
φαντάζομαι	glauben, sich vorstellen
φαντάρος, ο	Rekrut
φαντασία, η	Einbildung
φάντασμα, το	Gespenst
φαρδύς	breit
φαρμακείο, το	Apotheke
φαρμάκι, το	Gift
φάρμακο, το	Arznei
φασαρία, η	Lärm, Trubel, Krach
φασολάκια, τα	grüne Bohnen
φασόλι, το	Bohne
φεγγάρι, το	Mond
φέγγω	hell werden, -machen
φέρετρο, το	Sarg
φερμουάρ, το	Reißverschluß
φέρω / φέρνω	bringen
φέρσιμο, το	Benehmen
φέτα, η	Scheibe, Schafskäse
φέτος	in diesem Jahr
φεύγω	weggehen, -fahren
φήμη, η	Gerücht
φθινόπωρο, το	Herbst
φθορά, η	Verfall, Verschleiß
φίδι, το	Schlange
φιλάω	küssen
φίλη/φιλενάδα, η	Freundin
φιλεύω	bewirten
φιλί, το	Kuß
φιλία, η	Freundschaft
φιλόδοξος	ehrgeizig
φιλονικάω	(sich) streiten
φιλόξενος	gastfreundlich
φιλοξενώ	Gastfreundschaft gewähren, gastfreundlich aufnehmen
φίλος, ο	Freund
φιλότιμο, το	Ehrgefühl, Würde
φλέβα, η	Ader
φλέγομαι	in Flammen stehen
φλιτζάνι, το	Kaffeetasse
φλόγα, η	Flamme
φλογέρα, η	Flöte
φλουρί, το	Goldmünze
φλυαρία, η	Geschwindigkeit
φοβάμαι/φοβούμαι	sich fürchten
φοβερίζω	Angst einjagen, jem. erschrecken
φοβερός	furchtbar, schrecklich
φόβος, ο	Angst, Furcht
φοιτητής, ο	Student
φοιτήτρια, η	Studentin
φονικό, το φόνος, ο	Mord
φορά, η	Mal
φοράω	tragen (von Kleidung)
φόρεμα, το	Kleid
φορεσιά, η	Kostüm, Anzug
φορητός	tragbar
φορολογώ	verzollen
φόρος, ο	Steuer
φορτηγό, το	Lastwagen
φορτίο, το	Last
φορτώνω	beladen, belasten
φουκαράς, ο	armer Schlucker
φούρναρης, ο	Bäcker
φούρνος, ο	Backofen, Bäckerei
φουρτούνα, η	Sturm
φούσκα, η	Blase
φουσκώνω	aufblasen, anschwellen
φούστα, η	Rock

φράγκο, το	Franken (auch Drachme)
φράουλα, η	Erdbeere
φράση, η	Satz
φρένο, το	Bremse
φρέσκος	frisch
φρόνημα, το	Einstellung, Ansicht
φρόνηση, η	Vernunft
φρόνιμος	brav, gehorsam
φροντίδα, η	Sorge
φροντίζω	sorgen für, besorgen
φροντιστήριο, το	Privatunterricht, -schule
φρουρός, ο	Wache
φρούτα, τα	Obst
φρύδι, το	Augenbraue
φταίω	schuld sein
φτάνω	ankommen, reichen, erreichen
φταρνίζομαι / φτερνίζομαι	niesen
φτάρνισμα, το	Niesen
φτερό, το	Flügel
φτερουγίζω	flattern
φτηνός	billig
φτιάχνω	schaffen, reparieren
φτύνω	spucken
φτωχός	arm
φύκια, τα	Tang
φυλάγομαι	sich hüten vor
φυλάω	(auf)bewahren
φυλακή, η	Gefängnis
φυλή, η	Rasse
φύλλο, το	Blatt
φύλο, το	Geschlecht
φυσάει	es zieht, weht
φυσάω	blasen, wehen
φύση, η	Natur
φυσικός	natürlich
φυτεύω	pflanzen
φυτό, το	Pflanze
φυτρώνω	sprießen, keimen
φωλιά, η	Nest
φωνάζω	rufen, schreien
φωνή, η	Stimme
φως, το	Licht
φωτεινός	hell
φωτιά, η	Feuer
φωτίζω	beleuchten
φωτογραφία, η	Foto
φωτογράφος, ο	Fotograf

χ

χάδι, το	Zärtlichkeit, Liebkosung
χαζεύω	gaffen, herumbummeln
χαζός	doof
χαϊδεύω	liebkosen, streicheln
χαιρετάω / χαιρετίζω	grüßen
χαίρετε	Guten Tag!
χαίρομαι	sich freuen
χαίρω πολύ	sehr angenehm!
χαλάω	kaputtmachen, -gehen
χαλί, το	Teppich
χάλια, τα	schlechter Zustand
χαλίκι, το	Kieselstein
χαλκιάς, ο	Schmied
χάλκινος	kupfern
χαλκός, ο	Kupfer
χαμηλός	niedrig
χαμηλώνω	senken, schwächer werden, - machen
χαμογελάω	lächeln
χαμπάρια, τα	Neuigkeiten
χάμω	unten (Adv.)
χάνω	verlieren
χάπι, το	Tablette, Pille
χαρά, η	Freude, Annehmlichkeit
χαρακτήρας, ο	Charakter
χαρακτηριστικά, τα	Kennzeichen
χαράματα, τα	Morgendämmerung
χάρη, η	Gefallen, Gunst Charme
χαρίζω	schenken
χαριτωμένος	vergnügt, fröhlich
χάρτης, ο	Landkarte
χαρτί, το	Papier

χαρτονόμισμα, το	Geldschein
χαρτοσακούλα, η	Papiertüte
χασάπης, ο	Metzger
χασμουριέμαι	gähnen
χασομέρης, ο	Nichtstuer
χατίρι, το	Gefallen
χάφτω	verschlingen
χείλια / χείλη, τα	Lippen
χειμώνας, ο	Winter
χειρόγραφο, το	Handschrift
χειρονομία, η	Gebärde, Geste
χειρότερος	schlechter, schlimmer
χελιδόνι, το	Schwalbe
χέρι, το	Hand
χερσόνησος, η	Halbinsel
χήρα, η	Witwe
χιλιάρικο, το	Tausenddrachmen-schein
χιλιόμετρο, το	Kilometer
χιόνι, το	Schnee
χιονίζει	es schneit
χιούμορ, το	Humor
χλιαρός	lauwarm
χλωμός	blaß
χλωρός	grün (von Blättern)
χοντρός	dick
χορεύω	tanzen
χορός, ο	Tanz
χόρτα, τα	Gemüse
χορταίνω / χορτάζω	satt werden, genug haben
χόρτο / χορτάρι, το	Gras
χρειάζομαι	brauchen
χρέος, το	Schuld, Verpflichtung
χρήματα, τα	Geld
χρησιμοποιώ	gebrauchen
χρήσιμος	brauchbar, nützlich
χριστιανός, ο	Christ
Χριστούγεννα, τα	Weihnachten
χρονιά, η	Jahr (im Ablauf)
χρόνος, ο	Jahr
χρόνια, τα (=Plur)	
του χρόνου	im nächsten Jahr
χρυσάφι, το	Gold
χρυσός	golden
χρώμα, το	Farbe
χρωστάω	schulden
χταπόδι, το	Oktapus
χτένα, η / χτένι, το	Kamm
χτενίζομαι	sich kämmen
χτες	gestern
χτίζω	bauen
χτίστης, ο	Maurer
χτυπάω	schlagen, klopfen ticken
χύμα	offen, lose, nicht verpackt (Adv.)
χυμός, ο	Saft
χύνω	aus-/eingießen, verschütten
χύτρα, η	Topf
χώμα, το	Erde
χωνεύω	verdauen
χώνω	(hinein)stecken
χώρα, η	Land
χωράφι, το	Acker, Feld
χωράω	Platz haben, - finden, fassen, passen
χώρια	getrennt (Adv.)
χωριάτης, ο	Bauer
χωρίζω	trennen, aufteilen, teilen
χωρικός, ο	Bauer
χωριό, το	Dorf
χωρίς	ohne
χωριστά	getrennt (Adv.)
χώρος, ο	Platz, Raum
χωροφύλακας, ο	Gendarm

ψ

ψάθινος	aus Stroh
ψάλλω	singen (in der Kirche)
ψαράς, ο	Fischer
ψαρεύω	fischen
ψάρι, το	Fisch
ψαρόσουπα, η	Fischsuppe
ψαροτούφεκο, το	Harpune
ψάχνω	suchen
ψείρα, η	Laus
ψέμα, το	Lüge
ψέμματα, λέω -	lügen

ψεύτης, ο	Lügner
ψεύτικος	falsch
ψηλός	hoch, groß (gewachsen)
ψήνω	braten, backen
ψητό, το	Braten, Bratenfleisch
ψηφίζω	stimmen (für)
ψιθυρίζω	flüstern
ψιλικά, τα	Kurzwaren
ψιλά, τα	Kleingeld
ψιλός	fein, dünn
ψιχαλίζει	es tröpfelt
ψίχουλο, το	Brotkrumen
ψοφάω	krepieren
ψόφιος	kaputt (vor Anstrengung
ψυγείο, το	Kühlschrank
ψυχή, η	Seele
ψυχικός	psychisch
ψύχρα, η	Kälte
ψυχραιμία, η	Ruhe, Kaltblütigkeit
ψυχρός	kalt, kühl
ψωμάς, ο	Bäcker
ψωμί, το	Brot
ψώνια, τα	Einkäufe
ψωνίζω	einkaufen

ω

ωκεανός, ο	Ozean
ώμος, ο	Schulter
ωμός	roh
ώρα, η	Stunde, Zeit
ωραίος	schön
ώριμος	reif
ως	bis, als (im Vergleich)
ώσπου (να)	bis
ώστε	so daß
ωστόσο	dennoch
ωτορινολαρυγγολόγος, ο	Halsnasenohrenarzt
ωφέλιμος	nützlich
ωφελώ	nützen

A

ab	από
ab und zu	κάποτε
abbiegen	στρίβω
Abend	βράδι, το
Abend (im Verlauf)	βραδιά, η
abends	βράδι, το
Abenteuer	περιπέτεια, η
aber	όμως, μα, αλλά
abfahren	αναχωρώ, ξεκινάω
Abfahrt	αναχώρηση, η
Abfall	σκουπίδια, τα
Abgase	καυσαέρια, τα
abgelegen	μακρινός
Abgeordneter	βουλευτής, ο
Abhang	κατήφορος, ο/ κατηφοριά, η
Abitur	απολυτήριο, το
Abmachung	συμφωνία, η
abnehmen (an Gewicht)	αδυνατίζω
abputzen	σκουπίζω
abschaffen	καταργώ
Absicht	πρόθεση, η σκοπός, ο
absichtlich (Adv.)	επίτηδες
absolut	απόλυτος
abstammen	κατάγομαι
Abstand	απόσταση, η διάστημα, το
abstauben	ξεσκονίζω
Abstieg	κατήφορος, ο/ κατηφοριά, η
(Zug)Abteil	κουπέ, το
Abteilung	τμήμα, το
abtrocknen	σκουπίζω
abwägen	ζυγίζω
Achsel	μασχάλη, η
Achtung	προσοχή, η
Acker	χωράφι, το
Ader	φλέβα, η
adieu	αντίο
Adjektiv	επίθετο, το
Adler	αετός, ο
Adresse	διεύθυνση, η σύσταση, η
ähnlich	όμοιος
ähnlich sein	μοιάζω

ändern	αλλάζω
Änderung	αλλαγή, η
Ärger	μπελάς, ο
jem. ärgern	πειράζω
Ärgernis	μπελάς, ο
Ärmel	μανίκι, το
Affe	μαϊμού, η
Agentur	πρακτορείο, το
Ahnung	ιδέα, η
Akte	φάκελος, ο
aktiv	δραστήριος
aktuell	επίκαιρος
Akzent	τόνος, ο
alle	όλοι
allein	μόνος
allerlei	κάθε λογής
alles	πάντα, τα καθετί, το
allgemein	γενικός
als	σα(ν), όταν, καθώς, άμα
als (im Vergleich)	ως
also (folgernd)	λοιπόν
alt	γέρος μεγάλος
alt (v. Sachen)	παλιός
alte Frau	γριά, η
Alter	ηλικία, η
alter Mann	γέροντας, ο γέρος, ο
Altertümer	αρχαία, τα
Altgriechisch	αρχαία, τα
alt werden	γερνάω
Amateur	ερασιτέχνης, ο
Ameise	μυρμήγκι, το
Amerikaner /-in	Αμερικανός, ο /-ίδα, η
Ampel	φανάρι, το
(sich) amüsieren	διασκεδάζω
an	σε
Analyse	ανάλυση, η
anbauen	καλλιεργώ
anbieten	προσφέρω κερνάω
andauern	εξακολουθώ
Andenken (Souvenir)	ενθύμιο, το
ander-	αλλιώτικος
anderer	άλλος
anders	αλλιώς

Anekdote	ανέκδοτο, το
anerkennen	αναγνωρίζω
Anfang	αρχή, η
anfangen	αρχίζω
Angel	καλάμι, το
Angelhaken	αγκίστρι, το
angenehm	ευχάριστος
Angestellter	υπάλληλος, ο
angezogen	ντυμένος
angrenzend	διπλανός
Angriff	επίθεση, η
Angst	φόβος, ο
Angst einjagen	φοβερίζω
Anklage	κατηγορία, η
ankommen	φτάνω
ankündigen	αγγέλνω
	αναγγέλλω
Ankunft	άφιξη, η
Anlaß	αφορμή, η
(sich) anlehnen	ακουμπώ
anmelden	δηλώνω
annehmen	δέχομαι
	παραδέχομαι
Annehmlichkeit	χαρά, η
Annonce	αγγελία, η
Anruf	τηλεφώνημα, το
anrufen	παίρνω (στο) τηλέφωνο
anschwellen	πρήζω, φουσκώνω
ansehen	κοιτάζω / κοιτάω
Ansicht	άποψη, η
anständig	σεμνός
anstelle (von)	αντί (για)
sich anstrengen	κοπιάζω
	κουράζομαι
Ansturm	ορμή, η
antik	αρχαίος
Antrag	αίτηση, η
Antwort	απάντηση, η
antworten	αποκρίνομαι
	απαντάω
anwesend	παρών, -ούσα, όν
Anwesenheit	παρουσία, η
Anzeige	μήνυση, η
sich anziehen	ντύνομαι
anzünden	ανάβω
Anzug	κοστούμι, το
Apfel	μήλο, το
Apfelsine	πορτοκάλι, το

Apotheke	φαρμακείο, το
Apparat	μηχανή, η
Appartement	διαμέρισμα, το
Arbeit	εργασία, η
	δουλειά, η
arbeiten	εργάζομαι
	δουλεύω
arbeitend	εργαζόμενος
Arbeiter	εργάτης, ο
/-in	/-άτρια
arbeitslos	άνεργος
Arbeitslosigkeit	ανεργία, η
Architekt	αρχιτέκτονας, ο
Argument	επιχείρημα, το
argwöhnen	υποπτεύω
arm	φωτχός, καημένος
Arm	μπράτσο, το
Art	τύπος, ο
	είδος, το
Artikel	άρθρο, το
Arznei	φάρμακο, το
Arzt	γιατρός, ο
Arztpraxis	ιατρείο, το
As	άσσος, ο
Asche	στάχτη, η
Aschenbecher	σταχτοδοχείο, το
	τασάκι, το
Assistent	βοηθός, ο
Ast	κλαδί, το
Atem	ανάσα, η
Atem schöpfen	παίρνω αναπνοή
atmen	ανασαίνω
	αναπνέω
Atmung	αναπνοή, η
auch	και, επίσης
auch nicht	μήτε, ούτε
auf	σε
aufbrechen	ξεκινάω
aufdecken	αποκαλύπτω
Aufenthalt	στάση, η
etw. aufgeben	παρατάω
aufgehen (Sonne)	ανατέλλω
auf gehts!	άντε!
	άιντε!
aufhängen	κρεμάω
aufhören	παύω
Auflösung	ανάλυση, η
aufmachen	ανοίγω
aufpassen	προσέχω

aufräumen	σιγυρίζω
aufrecht	όρθιος
sich aufregen	νευριάζω
Aufregung	ταραχή, η
aufrichten	στήνω
Aufrichtigkeit	ειλικρίνεια, η
aufsaugen	ρουφάω
aufschreiben	σημειώνω
Aufstand	επανάσταση, η
aufstehen	σηκώνομαι
aufstellen	στήνω
Aufstieg	ανηφοριά, η / ανήφορος, ο
aufteilen	χωρίζω
aufwachen	ξυπνάω
Aufwand	δαπάνη, η
aufwecken	ξυπνάω
Auge	μάτι, το
Augenblick	στιγμή, η
Augenbraue	φρύδι, το
aus	από
ausbessern	μπαλώνω
ausbreiten	στρώνω απλώνω
Ausdruck	έκφραση, η
Ausflug	εκδρομή, η
Ausfuhr	εξαγωγή, η
Ausgabe	έκδοση, η
Ausgaben	έξοδα, τα δαπάνη, η
Ausgang	έξοδος, η
Ausgangspunkt	αφετηρία, η
ausgeben	ξοδεύω
einen ausgeben	κερνάω
(es ist) ausgeschlossen	αποκλείεται
aus-/eingießen	χύνω
Ausgrabungen	ανασκαφές, οι
aushalten	αντέχω
auslachen	κοροϊδεύω
Ausland	εξωτερικό, το
Ausländer	ξένος, ο αλλοδαπός, ο
ausländisch	ξένος
Ausnahme	εξαίρεση, η
ausruhen, sich	αναπαύομαι
außer	εκτός από
außergewöhnlich	εξαιρετικός
außerordentlich	έκτακτος
Aussicht	θέα, η
Aussprache	προφορά, η
aussprechen	προφέρω
Ausstellung	έκθεση, η
Aussteuer	προίκα, η
austauschen	ανταλλάζω
auswählen	διαλέγω
auswendig lernen	μαθαίνω απέξω
(jem.) ausziehen	γδύνω
sich ausziehen	γδύνομαι
Auto	αυτοκίνητο, το αμάξι, το
automatisch	αυτόματος

B

Backblech	ταψί, το
Backe	μάγουλο, το
backen	ψήνω
Backstein	τούβλο, το
Bad	μπάνιο, το λουτρό, το
Badehose, -anzug	μαγιό, το
baden	κάνω μπάνιο
Bäcker	φούρναρης, ο ψωμάς, ο
Bäckerei	φούρνος, ο
Bahnhof	σταθμός, ο
bald	σύντομα σε λίγο
Balkon	μπαλκόνι, το
Ball	μπάλα, η
(Spiel)Ball	τόπι, το
Band	λουρίδα, η
Bank	τράπεζα, η
(Sitz)Bank	μπάγκος, ο
Bart	γένια, τα
Batterie	μπαταρία, η
Bauch	κοιλιά, η
bauen	χτίζω
Bauer	γεωργός, ο χωριάτης, ο αγρότης, ο
Baum	δέντρο, το
Baumwolle	βαμβάκι, το
Beamter	υπάλληλος, ο, η
Becher	ποτήρι, το
bedecken	σκεπάζω

bedeuten	σημαίνω
Bedeutung	σημασία, η
	έννοια, η
Bedienung	εξυπηρέτηση, η
bedrängen	στριμώχνω
bedrückt	στενοχωρημένος
bedrückt sein	στενοχωριέμαι
Bedürfnis	ανάγκη, η
sich beeilen	βιάζομαι
beeinflussen	επηρεάζω
beenden	τελειώνω
	παύω
Befehl	διαταγή, η
	προσταγή, η
	εντολή, η
befehlen	διατάσσω
	προστάζω
sich befinden	βρίσκομαι
Befreiung	απελευθέρωση, η
befreundet sein	κάνω παρέα
jem. begegnen	ανταμώνω
begeistert	ενθουσιασμένος
Beginn	αρχή, η
beginnen	αρχίζω
begleiten	συνοδεύω
Begräbnis	κηδεία, η
begrenzen	περιορίζω
Begriff	έννοια, η
begründen	θεμελιώνω
beharren	επιμένω
bei	σε
Beichte	εξομολόγηση, η
Beil	τσεκούρι, το
Bein	πόδι, το
beinahe	σχεδόν
Beispiel	παράδειγμα, το
zum Beispiel = z.B.	παραδείγματος χάριν = π.χ.
beißen	δαγκώνω
bekannt	γνωστός
sich beklagen	παραπονιέμαι
bekommen	παίρνω
belästigen	ενοχλώ
beleidigen	προσβάλλω
Beleidigung	προσβολή, η
beleuchten	φωτίζω
bellen	γαυγίζω
bemerken	παρατηράω
	παίρνω είδηση

sich bemühen	προσπαθώ
sich darum bemühen	πασχίζω
Bemühung	προσπάθεια, η
benachrichtigen	ειδοποιώ
Benehmen	φέρσιμο, το
	συμπεριφορά, η
beneiden	ζηλεύω
Benzin	βενζίνη, η
beobachten	παρατηράω
bequem	άνετος
	αναπαυτικός
berechnen	λογαριάζω
	υπολογίζω
bereit	έτοιμος
	πρόθυμος
bereuen	μετανοιώνω
Berg	βουνό, το
berühmt	ξακουστός
	ένδοξος
	περίφημος
berühren	αγγίζω
Berührung	επαφή, η
Beruf	επάγγελμα, το
(sich) beruhigen	ησυχάζω
sich mit etw. beschäftigen	ασχολούμαι με κ.
bescheiden	σεμνός
beschließen	αποφασίζω
Beschluß	απόφαση, η
beschmutzen	λερώνω
beschreiben	περιγράφω
beschützen	προστατεύω
beschuldigen	κατηγορώ
Beschwerde	παράπονο, το
sich beschweren	παραπονιέμαι
	διαμαρτύρομαι
Besen	σκούπα, η
Besetzung	κατοχή, η
besonders	κυρίως, ιδίως
besorgen	φροντίζω
Besorgnis	αγωνία, η
besorgt sein	στενοχωριέμαι
besser	καλύτερος
bestätigen	βεβαιώνω
bestehen	υπάρχω
auf etw. bestehen	επιμένω
bestehen aus	αποτελούμαι

bestellen	παραγγέλνω
Bestellung	παραγγελία, η
bester	άριστος
bestimmen	ορίζω
	διορίζω
	καθορίζω
bestimmt	ορισμένος
Bestimmung	προορισμός, ο
Bestürzung	κατάπληξη, η
Besuch	επίσκεψη, η
besuchen	επισκέπτομαι
betrachten	θεωρώ/θωρώ
	κοιτάζω/κοιτάω
Betrag	ποσό, το
Betragen	συμπεριφορά, η
betrifft	αφοράει
sich betrinken	μεθάω
betrüben	πικραίνω
betrübt	θλιμμένος
betrübt sein	λυπάμαι/λυπούμαι
Betrug	απάτη, η
betrunken	μεθυσμένος
Bett	κρεβάτι, το
Bettdecke	κουβέρτα, η
Bettlaken	σεντόνι, το
Bettler	ζητιάνος, ο
sich beugen	υποκύπτω
beunruhigt sein	ανησυχώ
Bevölkerung	πληθυσμός, ο
bevor	πριν, προτού
bewahren	διατηρώ
(auf)bewahren	φυλάω
bewegen	συγκινώ
	κινάω
	κουνάω
Bewegung	κίνηση, η
Beweis	απόδειξη, η
beweisen	αποδείχνω
bewölkt	συννεφιασμένος
bewundern	θαυμάζω,
	καμαρώνω
bewundernswert	θαυμαστός
Bewußtsein	συνείδηση, η
bezahlen	πληρώνω
Bezahlung	πληρωμή, η
Bezug	σχέση, η
bezweifeln	αμφισβητάω
Bibliothek	βιβλιοθήκη, η
biegen	γέρνω, λυγίζω

Biene	μέλισσα, η
Bier	μπίρα, η
Bild	εικόνα, η
bilden	μορφώνω
Bildung	παιδεία, η
	εκπαίδευση, η
	ανατροφή, η
billig	φτηνός
binden	δένω
Birne	αχλάδι, το
bis	ώσπου (να)
	μέχρι, ως
	έως
ein bißchen (Adv.)	λιγάκι / λίγο
bitten	παρακαλώ
	γυρεύω
	ζητάω
bitte sehr	ορίστε
bitter	πικρός
Blase	φούσκα, η
blasen	φυσάω
blaß	χλωμός
Blatt	φύλλο, το
Blatt Papier	κόλλα, η
blau	μπλε
	γαλάζιος
Blech	τενεκές, ο
bleiben	μένω
Bleistift	μολύβι, το
Blick	βλέμμα, το
	ματιά, η
	θέα, η
blind	τυφλός
Blitz	αστραπή, η
	κεραυνός, ο
blitzen	αστράφτω
Block	συγκρότημα, το
Blödsinn	τρέλα, η
blond	ξανθός
blühen	ανθίζω
blühend	ανθισμένος
Blume	λουλούδι, το
Bluse	μπλούζα, η
Blut	αίμα, το
Blutdruck	πίεση, η
bluten	ματώνω
Bock	τράγος, ο
Boden	έδαφος, το
böse	θυμωμένος

böse werden	θυμώνω
Bohne	φασόλι, το
Bombe	βόμβα, η
Bonbon	καραμέλα, η
Boot	βάρκα, η
Botschaft	μήνυμα, το
	πρεσβεία, η
Bräutigam	γαμπρός, ο
Brand	πυρκαγιά, η
braten	ψήνω
Braten	ψητό, το
Brauch	έθιμο, το
brauchbar	χρήσιμος
brauchen	χρειάζομαι
	έχω ανάγκη από
braun	καφέ
brausen	βουίζω
Braut	νύφη, η
	αρραβωνιαστικιά, η
brav	φρόνιμος
(etw.) brechen	σπά(ζ)ω
breit	φαρδύς
	πλατύς
Bremse	φρένο, το
brennen	καίω
	καίγομαι
Brett	σανίδα, η
Brief	γράμμα, το
Briefkasten	γραμματοκιβώτιο, το
Briefmarke	γραμματόσημο, το
Brieftasche	πορτοφόλι, το
Briefträger	ταχυδρόμος, ο
Briefumschlag	φάκελος, ο
Briefwechsel	αλληλογραφία, η
Brille	γυαλιά, τα
bringen	φέρω/φέρνω, πάω
Brot	ψωμί, το
Bruder	αδερφός, ο
Brücke	γέφυρα, η
brüllen	ουρλιάζω
sich brüsten	καυχιέμαι
Brunnen	πηγάδι, το
Brust	στήθος, το
Buch	βιβλίο, το
Buchhandlung	βιβλιοπωλείο, το
Bucht	κόλπος, ο
sich bücken	σκύβω
Bücherregal	βιβλιοθήκη, η
Bügeleisen	σίδερο, το
bügeln	σιδερώνω
Bühne	σκηνή, η
Bürger	πολίτης, ο
bürgerlich	αστικός
Büro	γραφείο, το
Burg	κάστρο, το
Bus	λεωφορείο, το
Busuki	μπουζούκι, το
Butter	βούτυρο, το
byzantinisch	βυζαντινός

C

Camping	κάμπιγκ, το
Charakter	χαρακτήρας, ο
Chauffeur	σοφέρ, ο
Chef	αφέντης, ο
	αφεντικό, το
	προϊστάμενος, ο
Christ	χριστιανός, ο
Computer	κομπιούτερ, το
Cousin	εξάδερφος, ο
/-ine	/-η, η

D

da	επειδή, γιατί,
	μια και
	μια που
Dach	στέγη, η
Dachziegel	κεραμίδι, το
Dame	κυρία, η
Dampf	αχνός, ο
	ατμός, ο
danach	έπειτα
danken	ευχαριστώ
dann	τότε, έπειτα
damals	τότε
danach	μετά
darüber hina	παραπάνω
daß	ότι, πως
Datum	ημερομηνία, η
dauerhaft	μόνιμος
dauernd	συνέχεια
(Zimmer)Dec	ταβάνι, το
Demokratie	δημοκρατία, η
denken an	σκέπτομαι/
	σκέφτομαι

Denkmal	μνημείο, το
dennoch	ωστόσο
der	αυτός
derselbe	ίδιος, ο
deshalb	γι' αυτό
deutlich	καθαρός, φανερός
deutsch	γερμανικός
Deutscher /-e	Γερμανός, ο /-ίδα, η
Deutschland	Γερμανία, η
Dialekt	διάλεκτος, η
dicht	πυκνός
Dichter	ποιητής, ο
dick	χοντρός, παχύς
Dieb	κλέφτης, ο
Diebstahl	κλοπή, η
(be)dienen	εξυπηρετώ
Dienst	υπηρεσία, η
Dienstag	Τρίτη, η
Dienstmädchen	υπηρέτρια, η
dieser	αυτός, τούτος
Ding	πρά(γ)μα, το
direkt	άμεσος κατευθείαν
Direktion	διεύθυνση, η
Direktor (in)	διευθυντής, ο /-ύντρια, η
Diskothek	ντισκοτέκ, η
diskret	διακριτικός
Diskussion	συζήτηση, η
doch	όμως, πως
Dolmetscher(-in)	διερμηνέας, ο, η
Donner	βροντή, η
donnern	βροντάω
Donnerstag	Πέμπτη, η
doof	χαζός
doppelt	διπλός
Dorf	χωριό, το
dort(hin)	εκεί
dort drüben	εκεί πέρα
Drachme	δραχμή, η
drängeln	σπρώχνω
Draht	σύρμα, το
draußen	έξω
(von) draußen	απέξω
drei	τρεις, τρία
dreieckig	τρίγωνος
dringend	επείγον
drinnen	μέσα
(be)drohen	απειλώ
Druck	πίεση, η
drucken	τυπώνω
Drucksache	έντυπο, το
drücken	σφίγγω, πιέζω
drunter und drüber	άνω κάτω
dünn	ψιλός, λιγνός
Duft	άρωμα, το
duften	μοσχοβολάω
dulden	ανέχομαι
dumm	κουτός ηλίθιος ανόητος
Dummheit	ανοησία, η
dunkel	σκούρος, σκοτεινός
Dunkel	σκοτάδι, το
durcheinander	άνω κάτω
Durcheinander	σύγχυση, η
durcheinander- bringen	μπερδεύω ανακατεύω/ ανακατώνω
Durchfall	κόψιμο, το
Durchgang	πέρασμα, το
Durst	δίψα, η
Durst haben	διψάω
Dusche	ντους, το

E

Ebene	πεδιάδα, η κάμπος, ο
echt	γνήσιος
Ecke	γωνιά, η / γωνία, η
Ehepaar	αντρόγυνο, το
Ehering	βέρα, η
Ehre	τιμή, η
ehren	τιμάω εκτιμάω
ehrgeizig	φιλόδοξος
ehrlich	τίμιος ειλικρινής
Ei	αυγό, το
Eid	όρκος, ο

eifersüchtig	ζηλιάρης
eifersüchtig sein	ζηλεύω
eigen	δικός
	ατομικός
eigenartig	ιδιότροπος
	παράξενος
eigentlich	τελοσπάντων
Eigentümer	ιδιοκτήτης, ο
eilig	βιαστικός
es eilig haben	βιάζομαι
Einbahnstraße	μονόδρομος, ο
Einbildung	φαντασία, η
Eindruck	εντύπωση, η
eindrucksvoll	εντυπωσιακός
einfach	απλός
einfach (Adv.)	απλώς
ganz einfach	απλούστατα
einfältig	απλοϊκός
Einfluß	επίδραση, η
Eingang	είσοδος, η
eingeladen	καλεσμένος
eingeschrieben (Post)	συστημένος
eingestehen	ομολογώ
einheimisch	ντόπιος
einige	μερικοί
Einigkeit	ομόνοια, η
Einkäufe	ψώνια, τα
einkaufen	ψωνίζω
im Einklang mit	σύμφωνα με
einladen	καλώ
	προσκαλώ
	κερνάω
Einladung	πρόσκληση, η
Einleitung	εισαγωγή, η
einmalig	μοναδικός
Einmischung	επέμβαση, η
einpflanzen	φυτεύω
einrichten	ιδρύω
einsam	έρημος
Einsamkeit	μοναξιά, η
	ερημιά, η
einschmieren	πασαλείβω
einschränken	περιορίζω
einschreiten	επεμβαίνω
einstecken	μπήγω
einsteigen	ανεβαίνω
Eintritt	είσοδος, η

Eintrittskarte	εισιτήριο, το
einverstanden	σύμφωνος
Einwand	αντίρρηση, η
einweichen	μουσκεύω
Einwohner	κάτοικος, ο
Einzahl	ενικός, ο
Einzelheit	λεπτομέρεια, η
einzeln	ξεχωριστός
Eis	πάγος, ο
(Speise)Eis	παγωτό, το
Eisen	σίδερο, το
Eisenbahn	σιδηρόδρομος, ο
eiskalt	παγωμένος
Ekel	αηδία, η
sich ekeln	σιχαίνομαι
elegant	κομψός
elektrisch	ηλεκτρικός
elektronisch	ηλεκτρονικός
Element	στοιχείο, το
Ellbogen	αγκώνας, ο
Eltern	γονείς, οι
Emigrant	μετανάστης, ο
empfangen	λαβαίνω
	δέχομαι
empfinden	νιώθω
	αισθάνομαι
empfindlich	ευαίσθητος
Ende	τέλος, το
zu Ende sein	λήγω
enden	λήγω
	καταλήγω
endlich	επιτέλους
	τελοσπάντων
endlos	ατελείωτος
Endpunkt	τέρμα, το
eng	στενός
Engel	άγγελος, ο
Engländer, -in	Άγγλος, ο /-ίδα, η
England	Αγγλία, η
Enkel	εγγονός, ο, -ή, η
	εγγόνι, το
entbehren	στερούμαι
entblößen	γυμνώνω
entdecken	ανακαλύπτω
entfernen	απομακρύνω
Entfernung	διάστημα, το
entgegentreten	αντιμετωπίζω
enthüllen	αποκαλύπτω

entkommen	αποφεύγω
entschädigen	αποζημιώνω
Entscheidung	κρίση, η
sich entschließen	αποφασίζω
Entschluß	απόφαση, η
Entschuldigung!	με συγχωρείτε!
entsetzt	τρομαγμένος
entsprechend	ανάλογος
entsprechend (Adv.)	αναλόγως
enttäuscht	απογοητευμένος
Enttäuschung	απογοήτευση, η
entweder-oder	ή - ή
	είτε - είτε
entwerfen	σχεδιάζω
(sich) ent-	αναπτύσσω
wickeln	εξελίσσομαι
Entwicklung	ανάπτυξη, η
	εξέλιξη, η
Epoche	εποχή, η
Erbrechen	εμετός, ο
Erbschaft	κληρονομιά, η
Erdbeere	φράουλα, η
Erde	γή / γής, η
	χώμα, το
Erdgeschoß	ισόγειο, το
Erfahrung	πείρα, η
Erfolg	επιτυχία, η
Erfolg haben	πετυχαίνω
	επιτυχαίνω
sich erfrischen	δροσίζομαι
erfrischend	δροσερός
Erfrischungs-	αναψυκτικά, τα
getränke	
ergänzen	συμπληρώνω
Ergänzung	συμπλήρωμα, το
Ergebnis	αποτέλεσμα, το
	συμπέρασμα, το
erhöhen	αυξάνω
Erhöhung	αύξηση, η
sich erholen	ξεκουράζομαι
jem. an etw.	θυμίζω
erinnern	
sich erinnern	θυμάμαι
Erinnerung	ανάμνηση, η
	θύμηση, η
erkältet	κρυωμένος
Erkältung	κρυολόγημα, το
erkennen	αναγνωρίζω
erklären	εξηγώ, δηλώνω

Erklärung	εξήγηση, η
erläutern	ερμηνεύω
erlauben	επιτρέπω
Erlaubnis	άδεια, η
es ist erlaubt	επιτρέπεται
erleiden	παθαίνω
erleichtern	διευκολύνω
ernähren	τρέφω
ernennen	διορίζω
erneut	ξανά
ernst	σοβαρός
erreichen	προλαβαίνω
	φτάνω
	προφταίνω
	επιτυχαίνω
	πετυχαίνω
(Ziel)erreichen	κατορθώνω
Ersatzteile	ανταλλακτικά, τα
erscheinen	φαίνομαι,
	εμφανίζομαι
erschöpft	εξαντλημένος
erschrecken	τρομάζω
jem. erschrecken	φοβερίζω
erschreckt	ταραγμένος
erschrocken	τρομαγμένος
Erstaunen	κατάπληξη, η
	απορία, η
erstens	πρώτον
ersticken	πνίγομαι
ertragen	ανέχομαι
	αντέχω
	υποφέρω
ertrinken	πνίγομαι
Erwachsener	μεγάλος, ο
erwähnen	αναφέρω
erwarten	περιμένω
erwerben	αποκτάω
erzählen	διηγούμαι
Erzählung	διήγημα, το
erziehen	ανατρέφω
Erziehung	ανατροφή, η
	παιδεία, η
Esel	γάιδαρος, ο
	γαϊδούρι, το
essen	τρώ(γ)ω
Essen	φαγητό, το
	φαΐ, το
Essig	ξύδι, το
Eßzimmer	τραπεζαρία, η

etwas	κάτι
	λιγάκι/λίγο
	λίγος
	τίποτα
Europa	Ευρώπη, η
europäisch	ευρωπαϊκός
eventuell (Adv.)	ενδεχομένως
existieren	υπάρχω
expreß (Adv.)	επείγον

F

Fabel	μύθος, ο
Fabrik	εργοστάσιο, το
	φάμπρικα, η
Faden	κλωστή, η
fähig	ικανός
	άξιος
färben	βάφω
Fahne	σημαία, η
Fahrer	οδηγός, ο
Fahrkarte	εισιτήριο, το
Fahrrad	ποδήλατο, το
Fall	περίπτωση, η
auf jeden Fall	οπωσδήποτε
Falle	παγίδα, η
fallen	πέφτω
falsch	ψεύτικος
Familie	οικογένεια, η
	οι δικοί μου
Familienname	επίθετο, το
fangen	πιάνω
Farbe	χρώμα, το
Faß	βαρέλι, το
fassen	αρπάζω
	πιάνω
fast	σχεδόν
fasten	νηστεύω
faul	τεμπέλης
	σάπιος
fegen	σκουπίζω
fehlen	λείπω
Fehler	λάθος, το
	σφάλμα, το
Feier	τελετή, η
feiern	γλεντάω
(Namenstag) feiern	γιορτάζω
feige	δειλός
Feige	σύκο, το
fein	λεπτός
Feind	εχθρός, ο
Feinschmecker	καλοφαγάς, ο
Feld	κάμπος, ο
	χωράφι, το
Fell	δέρμα, το
Felsen	βράχια, τα
	βράχος, ο
Fenster	παράθυρο, το
Ferien	διακοπές, οι
fern	μακρινός
fern (von)	μακριά (από)
sich fernhalten	απέχω
entfernt sein	απέχω
Fernsehapparat	τηλεόραση, η
Fernsehen	τηλεόραση, η
fertig	έτοιμος
fertig machen	τελειώνω
fertigbringen	καταφέρνω
fest	σφιχτός
Fest	γλέντι, το
	γιορτή, η
festigen	θεμελιώνω
Festland	στεριά, η
festmachen	δένω
fett	παχύς
Feuchtigkeit	υγρασία, η
Feuer	φωτιά, η
Feuerzeug	αναπτήρας, ο
Fichte	πεύκο, το
Fieber	πυρετός, ο
Figur	ανάστημα, το
Film	έργο, το
	ταινία, η
finanziell	οικονομικός
finden	βρίσκω
Finger	δάχτυλο, το
finster	σκοτεινός
Finsternis	σκοτάδι, το
Fisch	ψάρι, το
fischen	ψαρεύω
Fischer	ψαράς, ο
Flagge	σημαία, η
Flamme	φλόγα, η
Flasche	μπουκάλι, το
Fleck	λεκές, ο
Fleisch	κρέας, το

fleißig	επιμελής
fliegen	πετάω
Flöte	φλογέρα, η
fluchen	βρίζω
Flüchtling	πρόσφυγας, ο
Flügel	φτερό, το
flüstern	ψιθυρίζω
Flughafen	αεροδρόμιο, το
Flugzeug	αεροπλάνο, το
Fluß	ποτάμι, το /
	ποταμός, ο
Folge	συνέπεια, η
folgen	ακολουθώ
	παρακολουθώ
folgend	επόμενος
fordern	απαιτώ
Form	σχήμα, το
	μορφή, η
formen	σχηματίζω
fortreißen	παρασέρνω
fortschreiten	προχοράω
Fortschritt	προκοπή, η
	πρόοδος, η
fortsetzen	συνεχίζω
	εξακολουθώ
Fortsetzung	συνέχεια, η
fortwährend	συνέχεια
	συνεχώς
Foto	φωτογραφία, η
fotografieren	βγάζω φωτογραφία
Fräulein	δεσποινίδα, η
	δεσποινίς, η
Frage	ερώτηση, η
	ζήτημα, το
fragen	ρωτάω
sich fragen	αναρωτιέμαι
Fragezeichen	ερωτηματικό, το
Franken (Geld)	φράγκο, το
Franzose /	Γάλλος, ο
Französin	/-ίδα, η
Frau	γυναίκα, η
	κυρία, η
alte Frau	γριά, η
frech	θρασύς
Frechheit	θράσος, το
frei	ελεύθερος
Freiheit	ελευθερία, η /
	λευθεριά, η
Freitag	Παρασκευή, η

fremd	ξένος
Fremde	ξενιτιά, η
Fremdenführer(in)	ξεναγός, ο, η
Fremder	ξένος, ο
Freude	χαρά, η
sich freuen	χαίρομαι
Freund	φίλος, ο
Freundin	φίλη, η /
	φιλενάδα, η
Freundlichkeit	καλοσύνη, η
Freundschaft	φιλία, η
Friede	ειρήνη, η
friedlich	ειρηνικός
frieren	κρυώνω
	παγώνω
frisch	φρέσκος
Friseur	κουρέας, ο
Frisiersalon	κομμωτήριο, το
fröhlich	εύθυμος
	χαριτωμένος
Front	μέτωπο, το
Frucht	καρπός, ο
fruchtbar	εύφορος
früh	νωρίς
früher	άλλοτε
Frühling	άνοιξη, η
Frühstück	πρωινό, το
Fuchs	αλεπού, η
fühlen	νιώθω
(sich) fühlen	αισθάνομαι
führen	οδηγώ
Führer	αρχηγός, ο
	οδηγός, ο
(aus)füllen	γεμίζω
fünf	πέντε
für	για, υπέρ
sich fürchten	φοβάμαι/φοβούμαι
füttern	τρέφω
	ταΐζω
funktionieren	λειτουργώ
Furcht	φόβος, ο
furchtbar	φοβερός
	τρομερός
furchtlos (Adv.)	άφοβα
Fuß	πόδι, το
Fußball	ποδόσφαιρο, το
Fußboden	πάτωμα, το

G

Gabel	πιρούνι, το
gähnen	χασμουριέμαι
ganz	όλος
	ολόκληρος
im ganzen	όλο κι όλο
ganz u. gar	ολότελα
Garn	κλωστή, η
Garten	περιβόλι, το
	κήπος, ο
Gasse	σοκάκι, το
Gast	ξένος, ο
gastfreundlich	φιλόξενος
Gebärde	χειρονομία, η
gebären	γεννάω
Gebäude	κτήριο, το
geben	δίνω
Gebet	προσευχή, η
gebirgig	ορεινός
Gebot	εντολή, η
gebraten	τηγανητός
gebrauchen	χρησιμοποιώ
	μεταχειρίζομαι
Gebrauchsanweisung	οδηγίες, οι
Geburtstag	γενέθλια, τα
Gedächtnis	μνήμη, η
Gedanke	σκέψη, η
Geduld	υπομονή, η
geeignet	κατάλληλος
gefährlich	επικίνδυνος
gefälscht	πλαστός
Gefängnis	φυλακή, η
Gefahr	κίνδυνος, ο
gefallen	μου αρέσει
Gefallen	χατίρι, το
Gefühl	αίσθηση, η
	αίσθημα, το
gegen	εναντίον
Gegend	περιοχή, η
	μέρος, το
Gegenstand	αντικείμενο, το
im Gegenteil	αντίθετα
	ίσα-ίσα
gegenüber	απέναντι σε / από
	αντίκρυ
gegenüberliegend	αντικρινός
Gegenwart	παρόν, το
Gegner	αντίπαλος, ο
Gehalt	μισθός, ο
geheim	μυστικός
Geheimnis	μυστικό, το
gehen	πάω
	πηγαίνω
(zu Fuß) gehen	βαδίζω
(spazieren) gehen	περπατάω
Gehirn	μυαλό, το
einem gehören	ανήκω σε καπ.
gehorchen	υπακούω
gehorsam	φρόνιμος
Geist	νους, ο
	πνεύμα, το
geistig	πνευματικός
gekocht	βραστός
Gelächter	γέλιο, το
gelb	κίτρινος
Geld	χρήματα, τα
	λεφτά, τα
Geldschein	χαρτονόμισμα, το
Geldstück	νόμισμα, το
Gelegenheit	ευκαιρία, η
gelehrt	λόγιος
geliebt	αγαπημένος
gelingen	επιτυχαίνω
	πετυχαίνω
	κατορθώνω
geloben	τάζω
Gemälde	πίνακας, ο
Gemeinde	δήμος, ο
	κοινότητα, η
gemeinsam	κοινός
gemessen	μετρημένος
Gemischtwarenladen	μπακάλικο, το
Gemüse	λαχανικά, τα
	χόρτα, τα
gemütlich	άνετος
genau	ακριβής
genau (Adv.)	ακριβώς
Gendarm	χωροφύλακας, ο
General	στρατηγός, ο
Generation	γενιά, η
Genosse	σύντροφος, ο
genügend	αρκετός
genug (Adv.)	αρκετά
Genuß	απόλαυση, η
Gepäck	αποσκευές, οι

gerade	μόλις
	ζυγός (Zahl)
geradeaus	κατευθείαν
	ίσα
Gerät	σκεύος, το
gerecht	δίκαιος
Gerechtigkeit	δικαιοσύνη, η
Gericht	δικαστήριο, το
Gericht (Essen)	φαγητό, το/ φαΐ, το
geringster	ελάχιστος
gern (Adv.)	ευχαρίστως
Geruch	μυρωδιά, η
Gerücht	φήμη, η
Gesamtheit	σύνολο, το
Geschäft	μαγαζί, το
geschehen	γίνομαι
Geschenk	δώρο, το
Geschichte	ιστορία, η
geschickt	ικανός
es geschieht	συμβαίνει
Geschlecht	γένος, το
	φύλο, το
geschlossen	κλειστός
Geschmack	γεύση, η
Geschmack (guter-schlechter)	γούστο, το
Geschöpf	πλάσμα, το
Geschwindigkeit	ταχύτητα, η
Geschwister	αδέρφια, τα
Gesellschaft	παρέα, η
	συντροφιά, η
	κοινωνία, η
gesellschaftlich	κοινωνικός
Gesetz	νόμος, ο
Gesicht	πρόσωπο, το
Gespenst	φάντασμα, το
Gespött	κορόιδο, το
Gespräch	κουβέντα, η
Geständnis	εξομολόγηση, η
Gestalt	μορφή, η
Geste	χειρονομία, η
gestern	χτες
gestorben	πεθαμένος
gesund	υγιεινός
	γερός
Gesundheit	υγεία, η
Gesundheit!	στην υγειά σου/σας!
Getränk	ποτό, το

Getreide	σιτάρι, το
getrennt	ξεχωριστός
getrennt (Adv.)	χωριστά,
	χώρια
gewaltig	τεράστιος
	τρανός
Gewehr	όπλο, το
	τουφέκι, το
Gewicht	βάρος, το
Gewinn	κέρδος, το
gewinnen	κερδίζω
	νικάω
	απολαμβάνω
Gewinner	νικητής, ο
Gewissen	συνείδηση, η
sich gewöhnen an	συνηθίζω
gewöhnlich	συνήθως
Gewohnheit	συνήθεια, η
gewohnt sein	συνηθίζω
es gibt	έχει
(be)gießen	ποτίζω
Gift	δηλητήριο, το
	φαρμάκι, το
glänzen	γυαλίζω
glänzend	λαμπρός
gläsern	γυάλινος
Glas (als Material)	γυαλί, το
(Trink)Glas	ποτήρι, το
glatt	ομαλός
Glatze	φαλάκρα, η
glatzköpfig	φαλακρός
glauben	νομίζω
	πιστεύω
	φαντάζομαι
Glauben	πίστη, η
gleich	όμοιος
	ίσος
	σε λίγο
gleichen	μοιάζω
gleichgültig	αδιάφορος
gleichmäßig	ομαλός
gleichzeitig (Adv.)	συγχρόνως
(Zug)Gleis	γραμμή, η
Glocke	καμπάνα, η
Glück	ευτυχία, η
zum Glück	ευτυχώς
glücklich	ευτυχισμένος
	τυχερός

glücklicherweise (Adv.)	ευτυχώς
Glückwünsche	συγχαρητήρια, τα
Göttin	θεά, η
Gold	χρυσάφι, το μάλαμα, το
golden	χρυσός
Gott	θεός, ο
Gottesdienst	λειτουργία, η
Grab	τάφος, ο
graben	θάβω σκάβω
Graben	αυλάκι, το
Gramm	γραμμάρια, τα
Grammatik	γραμματική, η
Gras	χόρτο / χορτάρι, το γρασίδι, το
grau	γκρίζος / γκρι
greifen	πιάνω αρπάζω
Grenze	σύνορα, τα
Grieche/-in	΄Ελληνας, ο /-ίδα, η Ρωμιός, ο /-ά, η
Griechenland	Ελλάδα, η
griechisch	ελληνικός
Grippe	γρίππη, η
Größe	μέγεθος, το
groß	μεγάλος
groß (gewachsen)	ψηλός
groß werden	μεγαλώνω
Großmutter	γιαγιά, η
Großvater	παππούς, ο
großziehen	ανατρέφω
Grube	λάκος, ο
grün	πράσινος
gründen	ιδρύω
grüß (dich/ Sie/euch)	γειά (σου/σας)
grüßen	χαιρετάω/ χαιρετίζω
Grund	αιτία, η
Grund (Boden)	έδαφος, το
Grundlage	βάση, η
Grundstück	οικόπεδο, το κτήμα, το
Gruppe	συγκρότημα, το ομάδα, η παρέα, η
Gürtel	ζώνη, η
Gummi-Reifen	λάστιχο, το
Gurke	αγγούρι, το
gut	καλός
gut (Adv.)	καλά
guten Abend	καλησπέρα
gute Nacht	καληνύχτα
guten Tag, -Morgen	καλημέρα
gutheißen	εγκρίνω
Gymnasium	γυμνάσιο, το

H

Haar	τρίχα, η
Haar(e)	μαλλιά, τα
sich die Haare waschen	λούζομαι
haben	έχω
nicht haben	στερούμαι
hängen	κρεμάω
es hängt (davon) ab	εξαρτάται
häßlich	άσχημος
häufig	συχνά
Hafen	λιμάνι, το
halb	μισός
Hals	λαιμός, ο
halten	κρατάω βαστάω
halten für	θεωρώ/θωρώ
Haltestelle	στάση, η
Hand	χέρι, το
Handel	εμπόριο, το
handeln (im Preis)	κάνω παζάρι
Handlung	πράξη, η
Handschrift	χειρόγραφο, το
Handschuh	γάντι, το
Handtuch	πετσέτα, η
Handwerk	τέχνη, η
Handwerker	τεχνίτης, ο
Hang	πλαγιά, η
Harpune	ψαροτούφεκο, το καμάκι, το

hart	σκληρός
	αυστηρός
Hase	λαγός, ο
Haß	μίσος, το
hassen	μισάω
haupt-	κύριος
	κεντρικός
Hauptstadt	πρωτεύουσα, η
Haus	σπίτι, το
Haushalt	νοικοκυριό, το
Hausmeister	θυρωρός, ο
Haut	δέρμα, το
	πετσί, το
(auf)heben	σηκώνω
Heer	στρατός, ο
heilen	γιατρεύω
	θεραπεύω
heilig	άγιος
	ιερός
Heilung	θεραπεία, η
Heimat	πατρίδα, η
heimlich	κρυφά
Heimweh	νοσταλγία, η
heiraten	παντρεύομαι
heiß	ζεστός
das heißt	δηλαδή
heiter	εύθυμος
Heizung	καλοριφέρ, το
Held	ήρωας, ο
helfen	βοηθάω
hell	φωτεινός
Hemd	πουκάμισο, το
herausgehen -kommen	βγαίνω
herausholen -ziehen	βγάζω
herb	στυφός
Herbst	φθινόπωρο, το
Herd	κουζίνα, η
Herde	κοπάδι, το
hereingehen -kommen	μπαίνω
Herkunft	καταγωγή, η
Herr	κύριος, ο
	αφέντης, ο
	αφεντικό, το
herrschen	επικρατώ
herumgehen	γυρνάω
herumirren	πλανιέμαι

herunterbringen -holen	κατεβάζω
hervorragend	έξοχος
Herz	καρδιά, η
herzlich	εγκάρδιος
heute	σήμερα
heute abend	απόψε
heutig	σημερινός
	σύγχρονος
Hexe	στρίγγλα, η
hier	εδώ
Hilfe	βοήθεια, η
Himmel	ουρανός, ο
hin und wieder	πότε...πότε
	που και που
hinabgehen -steigen	κατεβαίνω
hinaufbringen	ανεβάζω
hinaufgehen	ανεβαίνω
hinauftragen	ανεβάζω
hinausgehen -kommen	βγαίνω
(ver)hindern	εμποδίζω
hinein	μέσα
hineingehen -kommen	μπαίνω
hinkend	κουτσός
sich hinlegen	ξαπλώνω
	πλαγιάζω
hinten	πίσω
hinzufügen	προσθέτω
Hirte	βοσκός, ο
	τσομπάνης, ο
historisch	ιστορικός
Hitze	ζέστη, η
hoch	ψηλός
Hochzeit	γάμος, ο
höchstens	το πολύ
höflich	ευγενικός
Höhe	ύψος, το
höher	ανώτερος
Höhle	σπηλιά, η
Hölle	κόλαση, η
hören	ακούω
(Zu)Hörer	ακροατής, ο
Hof	αυλή, η
hoffen	ελπίζω
Hoffnung	ελπίδα, η
hohl	κούφιος

Holz	ξύλο, το
Honig	μέλι, το
Horn	κέρατο, το
Hose	πανταλόνι, το
Hotel	ξενοδοχείο, το
hübsch	όμορφος κομψός
Hügel	λόφος, ο
Hühnchen	κοτόπουλο, το
hüpfen	πηδάω
hüten, sich	φυλάγομαι
Hütte	καλύβα, η
Humor	χιούμορ, το
Hund	σκυλί, το / σκύλος, ο
Hunger	πείνα, η
Hunger haben	πεινάω
husten	βήχω
Husten	βήχας, ο
Hut	καπέλο, το

I

ich	εγώ
ideal	ιδανικός
Idee	ιδέα, η
Identität	ταυτότητα, η
ihr	εσείς
immer	πάντα πάντοτε
in	σε
indirekt	έμμεσος
indiskret	αδιάκριτος
Industrie	βιομηχανία, η
Inflation	πληθωρισμός, ο
Information	πληροφορία, η
Inhalt	περιεχόμενο, το
Initiative	πρωτοβουλία, η
innen	μέσα
Innenstadt	κέντρο, το αγορά, η
inner-	εσωτερικός
Insekt	έντομο, το
Insel	νησί, το
insgesamt	συνολικά
Inspiration	έμπνευση, η
Instrument	εργαλείο, το
(Musik)Instrument	όργανο, το
Intellektueller	διανοούμενος, ο
intelligent	έξυπνος
Intelligenz	εξυπνάδα, η
intensiv	έντονος
interessant	ενδιαφέρων, -ουσα, -ον
sich interessieren	ενδιαφέρομαι
Internist	εντερολόγος, ο
interpretieren	ερμηνεύω
inzwischen	εντωμεταξύ
irgendeiner	κανείς, κανένας
irgendwann	κάποτε
irgendwie	κάπως
irgendwo	πουθενά
irgendwo(hin)	κάπου
ironisch	ειρωνικός
sich irren	κάνω λάθος
isolieren	απομονώνω

J

ja	ναι, μάλιστα
Jacke	ζακέτα, η
Jackett	σακάκι, το
Jagd	κυνήγι, το
jagen	κυνηγάω
Jahr	χρόνος, ο χρόνια, τα (=Plur.)
Jahr (im Ablauf)	χρονιά, η
im vergangenen Jahr	πέρυσι / πέρσι
Jahrhundert	αιώνας, ο
je	από
je nachdem	αναλόγως
jedenfalls	πάντως
jeder	κάθε καθένας
jemals	ποτέ
jemand	κάποιος
jener	εκείνος
jetzt	τώρα
Joghurt	γιαούρτι, το
Journalist -(in)	δημοσιογράφος, ο ,η
Jubiläum	επέτειος, η
Jugend	νιάτα, τα νεολαία, η

jung	νέος
	μικρός
Junge	αγόρι, το
junger Mann	νεαρός, ο
Junggeselle	εργένης, ο

K

Kabel	καλώδιο, το
Käfig	κλουβί, το
Kälte	κρύο, το
sich kämmen	χτενίζομαι
kämpfen	αγωνίζομαι
(be)kämpfen	πολεμάω
Käse	τυρί, το
Kaffee	καφές, ο
Kaffeehaus	καφενείο, το
Kaffeetasse	φλιτζάνι, το
Kalender	ημερολόγιο, το
kalt	κρύος
Kamerad	σύντροφος, ο
Kamm	χτένα, η
	χτένι, το
Kammer	κάμαρα, η
Kampf	αγώνας, ο
Kandidat	υποψήφιος, ο
Kapital	κεφάλαιο, το
Kapitel	κεφάλαιο, το
kaputtgehen -machen	χαλάω
Karneval	Αποκριά, η
Karotte	καρότο, το
Karren	κάρο, το
(Ansichts)Karte	κάρτα, η
Kartoffel	πατάτα, η
Kasse	ταμείο, το
Kassierer	ταμίας, ο
Kastanie	κάστανο, το
(Brief)Kasten	κουτί, το
Katastrophe	καταστροφή, η
Katholik	καθολικός, ο
katholisch	καθολικός
Katze	γάτα, η
	γάτος, ο
	γατί, το
kauen	μασάω
kaufen	αγοράζω
Kaufmann	έμπορος, ο
Kaugummi	τσίχλα, η
Keks	μπισκότο, το
Keller	υπόγειο, το
Kellner	γκαρσόνι, το
kennen	γνωρίζω
Kenntnis	γνώση, η
Kennzeichen	χαρακτηριστικά, τα
Kerze	κερί, το
Kette	αλυσίδα, η
keuchen	λαχανιάζω
Kieselstein	χαλίκι, το
Kilo	κιλό, το
Kilometer	χιλιόμετρο, το
Kind	παιδί, το
Kinder-	παιδικός
Kindergarten	παιδικός σταθμός, ο
Kinn	πηγούνι, το
Kino	κινηματογράφος, ο
	σινεμά, το
Kiosk	περίπτερο, το
Kirche	εκκλησία, η
Kirsche	κεράσι, το
Kissen	μαξιλάρι, το
Kiste	κασόνι, το
Klang	ήχος, ο
Klarheit	διαύγεια, η
Klasse	τάξη, η
kleben	κολλάω
Kleber	κόλλα, η
Kleid	φόρεμα, το
Kleider	ρούχα, τα
Kleiderbügel	κρεμάστρα, η
klein	κοντός
	μικρός
kleiner machen, -werden	μικραίνω
Kleingeld	ψιλά, τα
klettern	σκαρφαλώνω
Klima	κλίμα, το
Klimaanlage	αιρ κοντίσιον, το
(Tür)Klingel	κουδούνι, το
(Privat)Klinik	κλινική, η
klopfen	χτυπάω
Kloster	μοναστήρι, το
klug	έξυπνος
knarren	τρίζω
Knie	γόνατο, το
knirschen	τρίζω
Knoblauch	σκόρδο, το

Knochen	κόκαλο, το
Knopf	κουμπί, το
Knoten	κόμπος, ο
Koch	μάγειρας, ο
kochen	βράζω
	μαγειρεύω
Kochtopf	κατσαρόλα, η
König	βασιλιάς, ο
Königin	βασίλισσα, η
können	μπορώ
Körper	σώμα, το
	κορμί, το
Koffer	βαλίτσα, η
Kohl	λάχανο, το
Kohle	κάρβουνο, το
Kollege /-in	συνάδελφος, ο, η
Kombination	συνδυασμός, ο
komisch	κωμικός
komm!	έλα!
kommen	έρχομαι
zu sich kommen	συνέρχομαι
kommend	ερχόμενος
Kommission	επιτροπή, η
Komödie	κωμωδία, η
komplett	τέλειος
Komplikation	περιπλοκή, η
Kompromiß	συμβιβασμός, ο
Konditorei	ζαχαροπλαστείο, το
Konflikt	σύγκρουση, η
konkret	συγκεκριμένος
Konsequenz	συνέπεια, η
Konsulat	προξενείο, το
Konsum	κατανάλωση, η
Kontakt	επαφή, η
Kontrolle	έλεγχος, ο
kontrollieren	ελέγχω
konzentriert	συγκεντρωμένος
Konzert	συναυλία, η
Kopf	κεφάλι, το
auf den Kopf stellen	αναστατώνω
Kopfsalat	μαρούλι, το
Kopftuch	μαντίλι, το
Kopfweh	πονοκέφαλος, ο
Korb	καλάθι, το
korrekt	ορθός
korrigieren	διορθώνω
Kosmetika	καλλυντικά, τα
kostbar	πολύτιμος
kosten	κοστίζω
(es) kostet	στοιχίζει
Kotelett	μπριζόλα, η
Krach	φασαρία, η
kräftig	δυνατός
	γερός
kräftig (Adv.)	δυνατά
Krämer	μπακάλης, ο
kränken	πικραίνω
Kraft	δύναμη, η
Kragen	γιακάς, ο
krank	άρρωστος
krank werden	αρρωσταίνω
Krankenhaus	νοσοκομείο, το
Krankenschwester	νοσοκόμα, η
Krankheit	αρρώστια, η
Kranz	στεφάνι, το
kratzen	ξύνω
Krawatte	γραβάτα, η
Krebs	καρκίνος, ο
Kreis	κύκλος, ο
Krem	κρέμα, η
krepieren	ψοφάω
Kreuz	σταυρός, ο
Krieg	πόλεμος, ο
Kriegs-	πολεμικός
Krise	κρίση, η
Krug	κανάτα, η
krumm	στραβός
Kuchen	γλυκό, το
Küche	κουζίνα, η
kühl	δροσερός
kühl werden	δροσίζομαι
Kühlschrank	ψυγείο, το
Kühnheit	θάρρος, το
Künstler	καλλιτέχνης, ο
kürzer machen -werden	μικραίνω
küssen	φιλάω
Küste	ακτή, η
	παραλία, η
Kugel	σφαίρα, η
Kugelschreiber	στυλό, το
Kuh	αγελάδα, η
Kultur	πολιτισμός, ο
kulturell	πολιτιστικός
Kummer	καημός, ο
	στενοχώρια, η
Kunde	πελάτης, ο

Kundin	πελάτισσα, η
Kunst	τέχνη, η
Kupfer	χαλκός, ο
kurz	κοντός
	σύντομος
Kuß	φιλί, το
Kurve	στροφή, η

L

lachen	γελάω
Lachen	γέλιο, το
Laden	κατάστημα, το
	μαγαζί, το
lächeln	χαμογελάω
Lächeln	χαμόγελο, το
ländlich	αγροτικός
Lärm	θόρυβος, ο
	φασαρία, η
lahm	κουτσός
Lamm	αρνί, το
	αρνάκι, το
Lampe	λάμπα, η
Land	χώρα, η
Landkarte	χάρτης, ο
Landschaft	τοπίο, το
Landsmann	πατριώτης, ο
lang	μακρύς
langsam	αργά
	σιγά
	σιγά σιγά
sich langweilen	βαριέμαι
	πλήττω
Lappen	πανί, το
laß!	ας!
(los-, zu-)lassen	αφήνω
Last	βάρος, το
	φορτίο, το
Lastwagen	φορτηγό, το
Laterne	φανάρι, το
laufen	τρέχω
Laufen	τρέξιμο, το
laufend	συνέχεια
gute Laune	κέφι, το
Laus	ψείρα, η
laut (Adv.)	δυνατά
Lautsprecher	μεγάφωνο, το
lauwarm	χλιαρός

leben	ζω
Leben	ζωή
lebend	ζωντανός
Lebensmittel	τρόφιμα, τα
Leber	συκώτι, το
Lebewesen	ζώο, το
lebhaft	ζωηρός
lecken	γλείφω
lecker	νόστιμος
Leder	δέρμα, το
leer	άδειος
	κενός
	κούφιος
leer machen, -werden	αδειάζω
Leere	κενό, το
legen	βάζω
	θέτω
lehren	διδάσκω
Lehrer(in)	καθηγητής, ο /-ήτρια, η
	δάσκαλος, ο /-άλα, η
Leiche	πτώμα, το
	λείψανο, το
leicht	εύκολος
leicht (zu tragen)	ελαφρός
leiden	υποφέρω
jem. nicht leiden können	αντιπαθώ
Leidenschaft	πάθος, το
	μανία, η
leidenschaftlich	παράφορος
leider	δυστυχώς
(sich)leihen	δανείζομαι
leise	σιγά
leiten	οδηγώ
Leiter	σκάλα, η
Lektion	μάθημα, το
lernen	μαθαίνω
lernen (f.d. Schule)	διαβάζω
lesen	διαβάζω
Leser	αναγνώστης, ο
letzter	τελευταίος
(die) Leute	κόσμος, ο
Licht	φως, το
Lichtschalter	διακόπτης, ο
lieb	αγαπητός
Liebe	αγάπη, η, έρωτας, ο

lieben	αγαπάω
liebenswürdig	ευγενικός
lieber wollen	προτιμάω
Liebhaber	εραστής, ο
liebkosen	χαϊδεύω
Lieblings-	αγαπημένος
Lied	τραγούδι, το
Lift	ασανσέρ, το
Limonade	λεμονάδα, η
Linie	γραμμή, η
link-	αριστερός
links (Adv.)	αριστερά
Liste	κατάλογος, ο
	λίστα, η
Liter	λίτρο, το
	κιλό, το
Lippen	χείλια, τα /
	χείλη, τα
loben	επαινώ
	παινεύω
Loch	τρύπα, η
Löffel	κουτάλι, το
löschen	σβήνω
lösen	λύνω
Lösung	λύση, η
Löwe	λιοντάρι, το
logisch	λογικός
Lohn	μισθός, ο
	αμοιβή, η
	μεροκάματο, το
Lokal	κατάστημα, το
Los	λαχείο, το
losmachen	λύνω
Lüge	ψέμα, το
lügen	λέω ψέματα
Luft	αέρας, ο
Luftdruck	πίεση, η
(per) Luftpost	αεροπορικώς
Luftzug	ρεύμα, το
Lump	αλήτης, ο
Lumpen	πατσαβούρα, η
Lunge	πνεύμονας, ο
	πλεμόνι, το
keine Lust haben	βαριέμαι
lustig	εύθυμος
Luxus	πολυτέλεια, η

M

machen	κάνω
Macht	δύναμη, η
Macht(ausübung)	εξουσία, η
mächtig	δυνατός
Mädchen	κορίτσι, το
	κοπέλα, η
männlich	αρσενικός
Märchen	παραμύθι, το
mäßig	μέτριος
Magen	στομάχι, το
mager	αδύνατος
magisch	μαγικός
mahlen	αλέθω
Makkaroni	μακαρόνια, τα
malen	ζωγραφίζω
Maler	ζωγράφος, ο
Mama	μαμά, η
Mandel	αμύγδαλο, το
Mann	άντρας, ο
Mannschaft	ομάδα, η
Mantel	παλτό, το
Markt	αγορά, η
	παζάρι, το
Marmor	μάρμαρο, το
marschieren	βαδίζω
Maschine	μηχανή, η
Maß	μέτρο, το
Masse	πλήθος, το
	μάζα, η
materiell	υλικός
Matratze	στρώμα, το
Matrose	ναύτης, ο
Maulesel	μουλάρι, το
Maurer	χτίστης, ο
Maus	ποντίκι, το
	ποντικός, ο
Meer	θάλασσα, η
Meeressturm	τρικυμία, η
Mehl	αλεύρι, το
mehr	περισσότερος
mehr (Adv.)	πια, πιο
Mehrheit	πλειοψηφία, η
(ver)meiden	αποφεύγω
meinen	εννοώ
	νομίζω
	πιστεύω
	θαρρώ

Meinung	γνώμη, η
Meister	μάστορας, ο
Meisterwerk	αριστούργημα, το
melden	αναφέρω
melken	αρμέγω
Melodie	μέλος, το
Menge	πλήθος, το
Mensch	άνθρωπος, ο
menschlich	ανθρώπινος
Mentalität	νοοτροπία, η
merken	εννοώ
merkwürdig	ιδιότροπος
	παράδοξος
	παράξενος
	περίεργος
Messe	έκθεση, η
messen	μετράω
Messer	μαχαίρι, το
Meter	μέτρο, το
Metzger	χασάπης, ο
Miete	ενοίκιο, το
mieten	νοικιάζω
Milch	γάλα, το
Militär	στρατός, ο
Million	εκατομμύριο, το
Minderheit	μειονότητα, η
minderjährig	ανήλικος
(Ver)Minderung	μείωση, η
mindestens	τουλάχιστο(ν)
	το λιγότερο
Ministerium	υπουργείο, το
Ministerpräsident	πρωθυπουργός, ο
Minute	λεπτό, το
mischen	ανακατεύω /
	ανακατώνω
Mißerfolg	αποτυχία, η
mißfallen	μου κακοφαίνεται
mißglücken	αποτυχαίνω
Mißverständnis	παρεξήγηση, η
mit	με
Mittag	μεσημέρι, το
Mittagessen	γεύμα, γο
Mitte	μέση, η
Mittel	μέσο, το
mittelmäßig	μέτριος
Mittelmeer	Μεσόγειος
	(θάλασσα), η
Mitternacht	μεσάνυχτα, τα
Mittwoch	Τετάρτη, η

Mode	μόδα, η
modern	μοντέρνος
Möbel	έπιπλα, τα
möbliert	επιπλωμένος
mögen	μου αρέσει
möglich	δυνατός
Möglichkeit	δυνατότητα, η
Möhre	καρότο, το
Mönch	καλόγερος, ο
	μοναχός, ο
Möwe	γλάρος, ο
Moment	στιγμή, η
Monat	μήνας, ο
Mond	φεγγάρι, το
Monster	τέρας, το
Montag	Δευτέρα, η
Mord	φονικό, το
	φόνος, ο
	δολοφονία, η
morgen	αύριο
Morgen	πρωί, το
morgens	πρωί, το
Moschee	τζαμί, το
Motorhaube	καπό, το
Motorrad	μοτοσυκλέτα, η
Mücke	κουνούπι, το
müde	κουρασμένος
müde sein	νυστάζω
Mühe	κόπος, ο
Mühle	μύλος, ο
Müll	σκουπίδια, τα
Müller	μυλωνάς, ο
mündlich	προφορικός
Münze	νόμισμα, το
Mund	στόμα, το
murmeln	μουρμουρίζω
Muschel	κοχύλι, το
Museum	μουσείο, το
Musik	μουσική, η
muß	πρέπει
Mut	θάρρος, το
	κουράγιο, το
mutig	αντρείος
Mutter	μητέρα, η
	μάνα, η
Mythos	μύθος, ο

N

nach	μετά, σε
nachahmen	μιμούμαι
Nachbar(in)	γείτονας, ο γειτόνισσα, η
Nachbarschaft	γειτονιά, η
nachdem	αφού
nachgeben	υποχωρώ
nachher	αργότερα
Nachkomme	απόγονος, ο
Nachlässigkeit	αμέλεια, η
Nachlaß	έκπτωση, η
Nachmittag	απόγε(υ)μα, το
Nachricht	είδηση, η
Nachrichten	νέα, τα
Nacht	νύχτα, η
Nachteil	ελάττωμα, το μειονέκτημα, το
Nachthemd	νυχτικιά, η
Nachtisch	ντεσέρ, το γλυκό, το
nackt	γυμνός
Nadel	βελόνι, το
in der Nähe	κοντά
nähen	ράβω
sich nähern	κοντεύω πλησιάζω
nämlich	δηλαδή
Nässe	υγρασία, η
Nagel	καρφί, το
(Finger)Nagel	νύχι, το
(fest)nageln	καρφώνω
nahe	κοντά
Nahrung	τροφή, η
(Vor)name	όνομα, το
Namenstag	γιορτή, η
Nase	μύτη, η
naß	βρε(γ)μένος
naß machen	βρέχω
Nation	έθνος, το
national	εθνικός
Nationalität	εθνικότητα, η
natürlich	βέβαια / βεβαίως φυσικός
Natur	φύση, η
Nebel	ομίχλη, η
neben	πλάι
(da)neben	δίπλα
Neffe	ανεψιός, ο
negativ	αρνητικός
nehmen	παίρνω
neigen	γέρνω
Neigung	κλίση, η τάση, η
nein	όχι
(be)nennen	ονομάζω
Nerv	νεύρο, το
nervös	νευρικός
Nest	φωλιά, η
Netz	δίχτι, το
neu	καινούριος νέος
neugierig	περίεργος
neugriechisch	νεοελληνικός
Neugriechisch	νεοελληνικά, τα
Neuigkeiten	νέα, τα
Neujahr	Πρωτοχρονιά, η
neulich	προχτές τις προάλλες
nicht	δε(ν), μη(ν), όχι
auch nicht und nicht	ούτε
nicht einmal	ούτε, μήτε
Nichte	ανεψιά, η
nichts	τίποτα
nie	ποτέ
niedrig	χαμηλός
niemand	κανείς / κανένας
Nieren	νεφρά, τα
niesen	φταρνίζομαι / φτερνίζομαι
nirgendwo	πουθενά
noch	ακόμα (ακόμη)
noch mehr	και άλλο
nördlich	βόρειος
Norden	βορράς, ο / βοριάς, ο
normal	κανονικός
Normalbenzin	απλή, η
Not(wendigkeit)	ανάγκη, η
notieren	σημειώνω
Nudeln	μακαρόνια, τα
nüchtern	νηστικός
nützen	ωφελώ

es nützt mir	με συμφέρει
nützlich	χρήσιμος
	ωφέλιμος
null	μηδέν
Nummer	αριθμός, ο
nur	μόνο
Nutzen	συμφέρον, το

O

ob	αν
oben	πάνω, επάνω
Oberfläche	επιφάνεια, η
oberflächlich	επιπόλαιος
Objekt	αντικείμενο, το
Obst	φρούτα, τα
obwohl	αν και
	μολονότι
	μόλο που
Ochse	βόδι, το
oder	ή
öffentlich	δημόσιος
	κοινός
öffnen	ανοίγω
Öl	λάδι, το
Öllämpchen	καντήλι, το
Österreich	Αυστρία, η
Österreicher	Αυστριακός, ο
/-in	/-ιά, η
östlich	ανατολικός
Ofen	σόμπα, η
offen	ανοιχτός
offenbar (Adv.)	προφανώς
offenbaren	φανερώνω
offensichtlich	φανερός
offiziell	επίσημος
Offizier	αξιωματικός, ο
oft	συχνά
	πολλές φορές
ohne	δίχως
	χωρίς
ohnmächtig werden	λιποθυμώ
Ohr	αφτί, το
Olive(nbaum)	ελιά, η
Onkel	θείος, ο
Operation	εγχείρηση, η
Opfer	θύμα, το
	θυσία, η
opfern	θυσιάζω
optimistisch	αισιόδοξος
Ordnung	τάξη, η
in Ordnung	εντάξει
Organ	όργανο, το
Organisation	οργάνωση, η
	οργανισμός, ο
organisieren	οργανώνω
Ort	τόπος, ο
orthodox	ορθόδοξος
Osten	ανατολή, η
Ostern	Πάσχα, το
Ozean	ωκεανός, ο

P

Paar	ζευγάρι, το
Paket	δέμα, το
	πακέτο, το
Palast	παλάτι, το
Papa	μπαμπάς, ο
Papier	χαρτί, το
Papiertüte	χαρτοσακούλα, η
Paradies	παράδεισος, ο
Parfüm	άρωμα, το
Parlament	βουλή, η
Partei	κόμμα, το
(Reise)Paß	διαβατήριο, το
passen	χωράω
	ταιριάζω
Patenonkel	νουνός, ο
-tante	/-ά, η
Patient	άρρωστος, ο
Pause	διάλειμμα, το
Pech	ατυχία, η
Pelz	γούνα, η
persönlich	ατομικός
	προσωπικός
Person	άτομο, το
	πρόσωπο, το
Personal	προσωπικό, το
Personalausweis	ταυτότητα, η
pessimistisch	απαισιόδοξος
Pfad	μονοπάτι, το
Pfanne	τηγάνι, το
Pfarrer	παπάς, ο
Pfeffer	πιπέρι, το
Pfeife	πίπα, η
pfeifen	σφυρίζω

Pferd	άλογο, το
Pfirsisch	ροδάκινο, το
Pflanze	φυτό, το
pflanzen	φυτεύω
pflegen	καλλιεργώ
Pflicht	καθήκον, το
pflügen	οργώνω
Pflug	αλέτρι, το
Pille	χάπι, το
Pistole	πιστόλι, το
plagen	ταλαιπωρώ
Plan	σχέδιο, το
	πλάνο, το
planen	σχεδιάζω
Plastik(ware)	νάϋλον, το
Platane	πλάτανος, ο
Platte	δίσκος, ο
	πλάκα, η
Platz	πλατεία, η
	τόπος, ο
	χώρος, ο
Platz haben	χωράω
platzen	σκά(ζ)ω / σκάνω
plötzlich	ξαφνικά
	απότομος
Politik	πολιτική, η
politisch	πολιτικός
(Stadt)Polizei	αστυνομία, η
Polizeistation	τμήμα, το
(Stadt)Polizist	αστυνόμος, ο
	αστυφύλακας, ο
Portion	μερίδα, η
positiv	θετικός
Post	ταχυδρομείο, το
Postkarte	καρτ ποστάλ, το
Pracht	μεγαλοπρέπεια, η
prächtig	περίφημος
präsentieren	παρουσιάζω
Präsident	πρόεδρος, ο
Preis	τιμή, η
	βραβείο, το
Presse	τύπος, ο
pressen	πιέζω
	σφίγγω
Priester	ιερέας, ο
Problem	πρόβλημα, το
	ζήτημα, το
Produkt	προϊόν, το
Produktion	παραγωγή, η
produzieren	βγάζω
Professor / -in	καθηγητής, ο /-ήτρια, η
Programm	πρόγραμμα, το
Protestant	διαμαρτυρόμενος, ο
protestieren	διαμαρτύρομαι
Provinz	επαρχία, η
provozieren	προκαλώ
Prozentsatz	ποσοστό, το
Prozeß	δίκη, η
prüfen	εξετάζω
Prüfung	εξέταση, η
psychisch	ψυχικός
Publikum	κοινό, το
Pulli	μπλούζα, η
	πουλόβερ, το
Pulsschlag	παλμός, ο
Punkt	σημείο, το
	τελεία, η
Puppe	κούκλα, η
pur	αγνός

Q

Quadrat	τετράγωνο, το
quälen	βασανίζω
	παιδεύω
	ταλαιπωρώ
Qual	βάσανο, το
Quantität	ποσότητα, η
Qualität	ποιότητα, η
Quelle	βρύση, η
	πηγή, η
quer	πλάγιος
Quittung	απόδειξη, η

R

Rabatt	έκπτωση, η
Rache	εκδίκηση, η
Rad	ρόδα, η
	τροχός, ο
Radio	ραδιόφωνο, το
Rätsel	αίνιγμα, το

rätseln	μαντεύω
Räuber	ληστής, ο
Rahmen	πλαίσιο, το
Rand	άκρη, η
Rasierapparat	ξυριστική μηχανή, η
Rasiermesser	ξυράφι, το
Rasse	φυλή, η
Rat	συμβουλή, η
raten	συμβουλεύω
	μαντεύω
Rathaus	δημαρχείο, το
Ratlosigkeit	αμηχανία, η
Rauch	καπνός, ο
rauchen	κάπνισμα, το
rauh	τραχύς
Raum	αίθουσα, η
	χώρος, ο
rauschen	βουίζω
rauswerfen	πετάω
Reaktion	αντίδραση, η
Rebe	κληματαριά, η
Rechnung	λογαριασμός, ο
Recht	δικαίωμα, το
recht-	δεξιός
recht haben	έχω δίκιο
Rechtfertigung	δικαιολογία, η
Rechtsanwalt	δικηγόρος, ο
rechtzeitig	έγκαιρος
Rede	λόγος, ο
Regel	κανόνας, ο
regelmäßig	κανονικός
	τακτικός
regeln	κανονίζω
Regen	βροχή, η
Regenmantel	αδιάβροχο, το
Regierung	κυβέρνηση, η
es regnet	βρέχει
reiben	τρίβω
reich	πλούσιος
reichen	φτάνω
reichlich	άφθονος
Reichtum	πλούτος, ο
reif	ώριμος
Reihe	σειρά, η
rein	αγνός
reinigen	καθαρίζω
Reis	ρύζι, το
Reise	ταξίδι, το
Reiseleiter(in)	ξεναγός, ο, η
reisen	ταξιδεύω
(ab)reißen	γκρεμίζω
Reißverschluß	φερμουάρ, το
reiten	καβαλικεύω
Reiter	καβαλάρης, ο
Reklame	διαφήμιση, η
	ρεκλάμα, η
Rekrut	φαντάρος, ο
relativ	σχετικός
Religion	θρησκεία, η
rennen	τρέχω
reparieren	διορθώνω
	φτιάχνω
Respekt	σεβασμός, ο
Rest	υπόλοιπο, (το)
Restaurant	εστιατόριο, το
Restgeld	ρέστα, τα
restlich	υπόλοιπο, (το)
retten	σώζω
(sich) retten	γλυτώνω
Revolution	επανάσταση, η
Rezept	συνταγή, η
richtig	σωστός
	ορθός
Richtung	κατεύθυνση, η
riechen	μυρίζω
riesig	πελώριος
Rind	μοσχάρι, το
Ring	δαχτυλίδι, το
ringen	παλεύω
Rock	φούστα, η
Röhre	σωλήνας, ο
roh	ωμός
Rohr	σωλήνας, ο
Rolle	ρόλος, ο
rollen	κυλάω
Roman	μυθιστόρημα, το
Rose	τριαντάφυλλο, το
(Grill) Rost	σκάρα, η
rosten	σκουριάζω
rot	κόκκινος
Rucksack	σακίδιο, το
Ruder	κουπί, το
Rücken	πλάτη, η
	ράχη, η
auf dem Rücken	ανάσκελα
Rückgabe	επιστροφή, η

Rückkehr	γυρισμός, ο
	επιστροφή, η
rufen	φωνάζω
	καλώ
Ruhe	ησυχία, η
ruhig	ήρεμος
	ήσυχος
	σιγά
Ruhm	δόξα, η
rund	στρογγυλός
rundherum	γύρω
Russe	Ρώσος, ο
/-in	/-ίδα, η
rutschen	γλιστράω

S

Saal	αίθουσα, η
Sache	πρά(γ)μα, το
	υπόθεση, η
Sack	σάκος, ο
	σακί, το
Sackgasse	αδιέξοδο, το
säen	σπέρνω
säuerlich	ξυνός
	στυφός
Saft	χυμός, ο
sagen	λέω
Sahne	κρέμα, η
Salat	σαλάτα, η
Salbe	αλοιφή, η
Salz	αλάτι, το
salzig	αλμυρός/
	αρμυρός
Same	σπόρος, ο
(ein)sammeln	μαζεύω
Samstag	Σάββατο, το
Sand(strand)	άμμος, η
Sandalen	πέδιλα, τα
Sarg	φέρετρο, το
Satz	φράση, η
	πρόταση, η
sauber	καθαρός
Sauce	σάλτσα, η
	ζουμί, το
sauer	ξυνός
(ab)schaben	ξύνω
Schachtel	κουτί, το
schade	κρίμα
schaden	βλάφτω
Schaden	ζημιά, η
schädigen	βλάφτω
sich schämen	ντρέπομαι
Schätzung	υπολογισμός, ο
schäumen	αφρίζω
Schaf	πρόβατο, το
schaffen	κατορθώνω
	φτιάχνω
(er)schaffen	δημιουργώ
(es) schaffen	καταφέρνω
Schaffner	εισπράκτορας, ο
Schafskäse	φέτα, η
Schall	ήχος, ο
Schallplatte	δίσκος, ο
Schande	αίσχος, το
	ντροπή, η
scharf	καυτερός
	κοφτερός
Schatten	ίσκιος, ο
Schatz	θησαυρός, ο
Schaufenster	βιτρίνα, η
Schaukel	κούνια, η
Schaum	αφρός, ο
Schauspieler /-in	ηθοποιός, ο, η
Scheibe	φέτα, η
(Fenster)Scheibe	τζάμι, το
scheinen	λάμπω
	φαίνομαι
schenken	χαρίζω
scheu	δειλός
(Nacht)Schicht	βάρδιες, οι
schicken	στέλνω
Schicksal	μοίρα, η
schief	πλάγιος
Schiff	βαπόρι, το
	καράβι, το
	πλοίο, το
kleines Schiff	βαποράκι, το
Schild	πινακίδα, η
	ταμπέλα, η
Schilf	καλάμι, το
Schilling	σελίνι, το
schimpfen	μαλώνω
(be)schimpfen	βρίζω
Schirm	ομπρέλα, η
Schlacht	μάχη, η
schlachten	σφάζω

Schlaf	ύπνος, ο
schlafen	κοιμάμαι
Schlaflosigkeit	αϋπνία, η
Schlafzimmer	κρεβατοκάμαρα, η
	υπνοδωμάτιο, το
schlagen	χτυπάω
	βαράω
	δέρνω
Schlamm	λάσπη, η
Schlange	φίδι, το
(Menschen)Schlange	ουρά, η
schlank	λυγερός
schlau	πονηρός
schlecht	άσχημος
	κακός
schlechter	χειρότερος
schleppen	κουβαλάω
schlicht	απλοϊκός
(ab)schließen	κλειδώνω
(zu)schließen	κλείνω
schließlich	τελοσπάντων
schlimm	κακός
schlimmer	χειρότερος
(Tür)Schloß	κλειδαριά, η
Schluck	γουλιά, η
schlucken	καταπίνω
schlürfen	ρουφάω
Schlüssel	κλειδί, το
schmackhaft	νόστιμος
schmal	στενός
schmeicheln	καλοπιάνω
	κολακεύω
schmelzen	λιώνω
Schmerz	πόνος, ο
schmerzen haben	πονάω
schmerzlich	θλιβερός
Schmuck	κόσμημα, το
schmücken	στολίζω
schmutzig	βρώμικος
schnarchen	ροχαλίζω
Schnee	χιόνι, το
schneiden	κόβω
Schneider	ράφτης, ο
es schneit	χιονίζει
schnell	γρήγορος
	σύντομος
schnell (Adv.)	γρήγορα, σύντομα
Schnupfen	συνάχι, το
Schnur	κορδόνι, το
	σπάγκος, ο
Schnurrbart	μουστάκι, το
Schokolade	σοκολάτα, η
schön	ωραίος
Schönheit	ομορφιά, η
schon	ήδη,
	κιόλας
schräg	πλάγιος
Schrank	ντουλάπα, η
Schraube	βίδα, η
Schrecken	τρόμος, ο
schrecklich	φοβερός
Schrei	κραυγή, η
schreiben	γράφω
Schreibmaschine	γραφομηχανή, η
Schreibtisch	γραφείο, το
schreien	φωνάζω
Schriftsteller	συγγραφέας, ο
Schritt	βήμα, το
Schublade	συρτάρι, το
schüchtern	ντροπαλός
Schüler(in)	μαθητής, ο
	/-ήτρια, η
Schürze	ποδιά, η
schütteln	τινάζω
Schuh	παπούτσι, το
Schuhmacher	παπουτσής, ο
Schul-	σχολικός
Schuld	χρέος, το
schuld sein	φταίω
schulden	οφείλω
	χρωστάω
schuldig	ένοχος
Schule	σχολείο, το /
	σχολειό, το
Schulter	ώμος, ο
Schutz	προστασία, η
schwach	αδύνατος
Schwäche	αδυναμία, η
Schwager	γαμπρός, ο
	κουνιάδος, ο
Schwalbe	χελιδόνι, το
Schwamm	σφουγγάρι, το
schwanger	έγκυος
Schwanz	ουρά, η
schwarz	μαύρος
schweigen	σωπαίνω
Schweigen	σιωπή, η

schweigsam	σιωπηλός
Schweiz	Ελβετία, η
Schweizer(in)	Ελβετός, ο /-ίδα, η
schweizerisch	ελβετικός
schwer	βαρύς
schwer werden	βαραίνω
Schwert	σπαθί, το
Schwester	αδερφή, η
Schwiegereltern	πεθερικά, τα
Schwiegermutter	πεθερά, η
Schwiegersohn	γαμπρός, ο
Schwiegertochter	νύφη, η
Schwiegervater	πεθερός, ο
schwierig	δύσκολος
Schwierigkeit	δυσκολία, η
Schwimmbad	κολυμβητήριο, το πισίνα, η
schwimmen	κολυμπάω
Schwimmen	κολύμπι, το
schwindlig werden	ζαλίζομαι
schwitzen	ιδρώνω
schwören	ορκίζομαι
Schwur	όρκος, ο
See	λίμνη, η
Seele	ψυχή, η
Segel	πανί, το
sehen	βλέπω
Sehenswürdigkeiten	αξιοθέατα, τα
sich sehnen	λαχταράω
sehr	πολύ
sehr (viel)	πάρα πολύ
seicht	ρηχός
Seide	μετάξι, το
seiden	μεταξωτός
Seife	σαπούνι, το
Seil	καλώδιο, το σκοινί, το
sein	είμαι
seit	από εδώ και
seit(dem)	αφότου
Seite	μεριά, η πλευρά, η
(Buch)Seite	σελίδα, η
Sekretär(in)	γραμματέας, ο, η δακτυλογράφος, ο,η
Sekunde	δευτερόλεπτο, το
selbst	ίδιος, ο
ich selbst	εαυτός μου, ο
Sebstmord	αυτοκτονία, η
selbstverständlich	αυτονόητος
selten	σπάνιος
Sendung	εκπομπή, η
Senkung	κλίση, η
seriös	σοβαρός
Serviette	πετσέτα, η
servieren	σερβίρω
Sessel	πολυθρόνα, η
setzen	βάζω θέτω
sich setzen	κάθομαι
seufzen	αναστενάζω
Seufzer	αναστεναγμός, ο
sicher	σίγουρος ασφαλής
sicher (Adv.)	βέβαια/ βεβαίως σίγουρα ασφαλώς
Sicherheit	ασφάλεια, η
(ver)sichern	εξασφαλίζω
Sie	εσείς
Siedlung	οικισμός, ο
(be)siegen	νικάω
Silbe	συλλαβή, η
Silber	ασήμι, το
silbern	ασημένιος
singen	τραγουδάω
sinken	βουλιάζω
Sinn	νόημα, το έννοια, η
Sitte	έθιμο, το
sitzen	κάθομαι
Sitzplatz	θέση, η κάθισμα, το
Skandal	σκάνδαλο, το
Sklave	σκλάβος, ο
so	έτσι
so daß	ώστε
so groß	τόσος
so lange	τόσον καιρό τόση ώρα
so viel	όσο τόσο
so...wie	τόσο...όσο
sobald	μόλις
Sofa	καναπές, ο

sofort	αμέσως
sogenannt	λεγόμενος
Sohn	γιός, ο
solange	όσο
solcher	τέτοιος
Soldat	στρατιώτης, ο
Sommer	καλοκαίρι, το
sonderbar	παράδοξος
sondern	αλλά
Sonne	ήλιος, ο
Sonnenbad	ηλιοθεραπεία, η
Sonntag	Κυριακή, η
sonst	αλλιώς
	κατά τα άλλα
Sorge	έγνοια, η
	φροντίδα, η
sorgen für	φροντίζω
sowieso	έτσι κι έτσι
sozial	κοινωνικός
Soziologie	κοινωνιολογία, η
spät	αργά
zu spät kommen	αργώ
sich verspäten	αργώ
später	αργότερα
	έπειτα
	ύστερα
spannen	τεντώνω
Spannung	τάση, η
Sparsamkeit	οικονομία, η
Spaziergang	βόλτα, η
	περίπατος, ο
Speisekrte	κατάλογος, ο
spendieren	κερνάω
speziell	ειδικός
	ιδιαίτερος
Spiegel	καθρέφτης, ο
Spiel	παιχνίδι, το
spielen	παίζω
Spielzeug	παιχνίδι, το
Spieß	σούβλα, η
spitz	μυτερός
Spitze	κορυφή, η
spontan	αυθόρμητος
Sport	γυμναστική, η
Sportplatz	γήπεδο, το
Sprache	γλώσσα, η
sprechen	μιλάω
Sprichwort	παροιμία, η
sprießen	φυτρώνω

springen	πηδάω
Spritze (b. Arzt)	ένεση, η
Sprung	πήδημα, το
spucken	φτύνω
Spur	ίχνος, το
Staat	κράτος, το
staatlich	κρατικός
stabil	μόνιμος
Stadt	πόλη, η
städtisch	αστικός
Stärke	δύναμη, η
Stahl	ατσάλι, το
Stall	στάβλος, ο
Stamm	κορμός, ο
stark	δυνατός
	ισχυρός
	γερός
starten	ξεκινάω
statistisch	στατιστικός
stattfinden	γίνομαι
Statue	άγαλμα, το
Staub	σκόνη, η
Steckdose	πρίζα, η
Stecknadel	καρφίτσα, η
(hinein)stecken	χώνω
(da)stehen	στέκω /
	στέκομαι
im Stehen	όρθιος
zum Stehen bringen	σταματάω
stehenbleiben	σταματάω
	στέκω /
	στέκομαι
stehlen	κλέβω
Steigung	ανηφοριά, η /
	ανήφορος, ο
steil	απότομος
Stein	πέτρα, η
Stelle	σημείο, το
stellen	βάζω
	τοποθετώ
Stellung	θέση, η
Stempel	σφραγίδα, η
sterben	πεθαίνω
Stern	αστέρι, το
Steuer	φόρος, ο
Steuer (Auto)	τιμόνι, το
sticken	κεντάω
Stier	ταύρος, ο

Stil	ύφος, το
Stimme	φωνή, η
stimmen (für)	ψηφίζω
stimmlos	άφωνος
stinken	βρωμάω
Stirn	μέτωπο, το
	κούτελο, το
Stock	μπαστούνι, το
Stockwerk	όροφος, ο
	πάτωμα, το
stören	ενοχλώ
Stoff	ύφασμα, το
	ουσία, η
stofflich	υλικός
stolz	περήφανος
stolz sein	καμαρώνω
stopfen	μπαλώνω
stoßen	σπρώχνω
strafen	τιμωρώ
Strahl	ακτίνα, η
	αχτίδα, η
Strand	αμμουδιά, η
	ακρογιαλιά, η
	γιαλός, ο
Straße	δρόμος, ο
Strauch	θάμνος, ο
Strecke	διαδρομή, η
	γραμμή, η
Strafe	τιμωρία, η
strafen	παιδεύω
strecken	τεντώνω
streicheln	χαϊδεύω
Streichhölzer	σπίρτα, τα
Streik	απεργία, η
Streit	καυγάς, ο
sich streiten	μαλώνω
	τσακώνομαι
streng	αυστηρός
stricken	πλέκω
Strömung	ρεύμα, το
Stroh	άχυρο, το
Strom	ρεύμα, το
Strumpf	κάλτσα, η
Strumpfhose	καλτσόν, το
Student	φοιτητής, ο
Studie	μελέτη, η
studieren	σπουδάζω
Stück	κομμάτι, το
sich stürzen auf	ορμάω
stützen	στηρίζω
	υποστηρίζω
Stuhl	καρέκλα, η
stumm	βουβός
	άφωνος
Stunde	ώρα, η
Sturm	φουρτούνα, η
Substanz	ουσία, η
suchen	γυρεύω
	ζητάω
	ψάχνω
Süden	νότος, ο
südlich	νότιος
Sünde	αμαρτία, η
süß	γλυκός
Süßigkeit	γλυκό, το
Summe	ποσό, το
	σύνολο, το
Suppe	σούπα, η
Szene	σκηνή, η

T

Tabak	καπνός, ο
	Pl.: τα καπνά
Tablette	χάπι, το
täglich	καθημερινός
Täter	δράστης, ο
Tätigkeit	ενέργεια, η
sich täuschen	γελιέμαι
Tafel	πίνακας, ο
Tag	μέρα, η
Tal	λαγκάδι, το
	κοιλάδα, η
Tang	φύκια, τα
Tankstelle	βενζινάδικο, το
Tante	θεία, η
Tanz	χορός, ο
tanzen	χορεύω
tapfer	γενναίος
(Akten-, Hand) Tasche	τσάντα, η
(Rock)Tasche	τσέπη, η
Taschentuch	μαντίλι, το
Tat	πράξη, η
Tatsache	γεγονός, το
Tatsachen	γεγονότα, τα
tatsächlich	πραγματικός

tatsächlich (Adv.)	πράγματι
taub	κουφός
Taube	περιστέρι, το
(ein)tauchen	βουτάω
Taufe	βαφτίσια, τα
taufen	βαφτίζω
Taverne	ταβέρνα, η
Taxi	ταξί, το
Tee	τσάι, το
Teelöffel	κουταλάκι, το
Teigwaren	μακαρόνια, τα
Teil	μέρος, το
teilen	χωρίζω
(ein)teilen	διαιρώ
Telefon	τηλέφωνο, το
Telefonhörer	ακουστικό, το
telefonieren	τηλεφωνάω
	παίρνω (στο) τηλέφωνο
Telegramm	τηλεγράφημα, το
Teller	πιάτο, το
Tempel	ναός, ο
Tendenz	τάση, η
Teppich	χαλί, το
Terrasse	ταράτσα, η
teuer	ακριβός
Teufel	διάβολος, ο
Text	κείμενο, το
Theater	θέατρο, το
Theaterstück	έργο, το
Thema	θέμα, το
Theorie	θεωρία, η
tief	βαθύς
Tiefe	βάθος, το
Tier	ζώο, το
Tintenfisch	καλαμάρι, το
Tisch	τραπέζι, το
Tischdecke	τραπεζομάντηλο, το
Tochter	κόρη, η
Tod	θάνατος, ο
töten	σκοτώνω
Toilette	αποχωρητήριο, το
	τουαλέτα, η
	καμπινές, ο
	μέρος, το
Tomate	ντομάτα, η
	ήχος, ο
	τόνος, ο
Tonbandgerät	μαγνητόφωνο, το

Topf	βάζο, το
	χύτρα, η
tot	νεκρός
	πεθαμένος
Tourist	τουρίστας, ο
Tourismus	τουρισμός, ο
Tradition	παράδοση, η
Träne	δάκρυ, το
träumen	ονειρεύομαι
tragen	βαστάω
Tragödie	τραγωδία, η
transportieren	μεταφέρω
(Wein)Traube	σταφύλι, το
Trauer	λύπη, η
	πένθος, το
Traum	όνειρο, το
traurig	λυπημένος
	θλιβερός
	στενοχωρημένος
traurig sein	λυπάμαι
	στενοχωριέμαι
treffen	συναντάω
	πετυχαίνω
trennen	χωρίζω
Treppe	σκάλα, η
treten	πατάω
treu	πιστός
Trick	κόλπο, το
trinken	πίνω
trocken	ξερός
	στεγνός
trocken werden	στεγνώνω
trocknen	στεγνώνω
es tröpfelt	ψιχαλίζει
trösten	παρηγορώ
tropfen	στάζω
Tropfen	στάλα, η
	σταγόνα, η
trotzdem	παρόλα αυτά
	μολαταύτα
trotzig	πεισματάρης
Trubel	φασαρία, η
trübe	θολός
trüben	θολώνω
Tür	πόρτα, η
Türke	Τούρκος, ο
/-in	/-ισσα, /-άλα, η
Tüte	σακούλα, η
tun	κάνω

Turm	πύργος, ο
Turnen	γυμναστική, η
Typ	τύπος, ο
typisch	τυπικός

U

Übel	κακό, το
etw. übelnehmen	μου κακοφαίνεται
über	για
überall	παντού
überdrüssig sein	βαριέμαι
übereinstimmen	συμφωνώ
überflüssig	περιττός
überhaupt (nicht)	καθόλου
überholen	ξεπερνάω
	προσπερνάω
Überlieferung	παράδοση, η
übermorgen	μεθαύριο
(etw.) übernehmen	αναλαμβάνω
überraschen	ξαφνιάζω
Überraschung	έκπληξη, η
überreden	πείθω
übersetzen	μεταφράζω
Übersetzung	μετάφραση, η
übertreffen	ξεπερνάω
übertreiben	υπερβάλλω
es übertreiben	το παρακάνω
übertrieben	υπερβολικός
überzeugen	πείθω
im übrigen	κατά τα άλλα
übrigens	άλλωστε
	εξάλλου
Übung	άσκηση, η
Ufer	όχθη, η
Uhr	ρολόι, το
um	για
um zu	για να
Umarmung	αγκαλιά, η
sich umdrehen	γυρίζω
umgekehrt	ανάποδα
(etw.) umkehren	αναποδογυρίζω
umsonst	δωρεάν
(gratis)	τζάμπα
Umwelt	περιβάλλον, το
umziehen	μετακομίζω
unabhängig	ανεξάρτητος
unbedeutend	ασήμαντος
unbedingt	οπωσδήποτε
unbekannt	άγνωστος
unbeweglich	ακίνητος
unbrauchbar	άχρηστος
und	και
u.s.w.	και τα λοιπά
undankbar	αχάριστος
unecht	πλαστός
unendlich	ατελείωτος
	απέραντος
unerfahren	άπειρος
unerläßlich	απαραίτητος
unermüdlich	ακούραστος
unerwartet	απροσδόκητος
Unfall	δυστύχημα, το
unfruchtbar	άγονος
ungebildet	αγράμματος
ungeduldig sein	ανυπομονώ
ungeeignet	ακατάλληλος
ungefähr	περίπου
ungeheuerlich	τεράστιος
ungerecht	άδικος
ungeschickt	αδέξιος
unglaublich	απίστευτος
Unglück	ατυχία, η
	δυστυχία, η
Unglücks(fail)	δυστύχημα, το
unglücklich	δυστυχισμένος
Universität	πανεπιστήμιο, το
unmöglich	αδύνατος
unnütz	άχρηστος
Unordnung	ακαταστασία, η
	αταξία, η
Unrecht	αδικία, η
Unregelmäßigkeit	αταξία, η
Unruhe	ταραχή, η
unruhig	ανήσυχος
unschuldig	αθώος
unsichtbar	αόρατος
unsterblich	αθάνατος
Untätigkeit	απραξία, η
unten	κάτω
	από κάτω
unterbrechen	διακόπτω
sich unterhalten	κουβεντιάζω
	συζητάω
Unterhaltung	συζήτηση, η
Unterhemd	φανέλα, η
Unterhose	σώβρακο, το

Unternehmen	επιχείρηση, η
Unterricht	μάθημα, το
unterscheiden	διακρίνω
	ξεχωρίζω
sich unterscheiden	διαφέρω
Unterschied	διαφορά, η
unterschreiben	υπογράφω
Unterschrift	υπογραφή, η
untersuchen	ανακρίνω
	μελετάω
Untersuchung	έρευνα, η
ununterbrochen	αδιάκοπος
unvergeßlich	αξέχαστος
unverheiratet	ανύπαντρος
unwahrscheinlich	απίθανος
Urlaub	άδεια, η
Ursache	αιτία, η
(be)urteilen	κρίνω
Uso	ούζο, το

V

Vase	αγγείο, το
	βάζο, το
Vater	πατέρας, ο
Vaterland	πατρίδα, η
Verabredung	ραντεβού, το
sich verabschieden	αποχαιρετάω
verachten	περιφρονώ
verändern	αλλάζω
veranschlagen	υπολογίζω
verantwortlich	υπεύθυνος
Verantwortung	ευθύνη, η
Verb	ρήμα, το
verbergen	κρύβω
verbessern	διορθώνω
verbieten	απαγορεύω
(es ist) verboten	απαγορεύεται
Verbrechen	έγκλημα, το
verbrennen	καίω
	καίγομαι
verbündet	σύμμαχος
verdammt	καταραμένος
verdauen	χωνεύω
verdienen	βγάζω
	κερδίζω
Verdienst	κέρδος, το
verdorben	σάπιος
verehren	λατρεύω
	σέβομαι
Verehrung	σεβασμός, ο
vereinigen	ενώνω
Verfassung	σύνταγμα, το
verfluchen	καταριέμαι
verflucht	καταραμένος
verfolgen	διώχνω
verfügen	διαθέτω
vergangen	περασμένος
Vergangenheit	παρελθόν, το
Vergeltung	εκδίκηση, η
vergessen	ξεχνάω
	λησμονώ
Vergleich	σύγκριση, η
Vergnügen	διασκέδαση, η
	ευχαρίστηση, η
vergnügt	χαριτωμένος
vergrößern	μεγαλώνω
Verhältnis	σχέση, η
im Verhältnis zu	ανάλογα με
	σχετικά με
verheiratet	παντρεμένος
verhören	ανακρίνω
verjagen	διώχνω
verkaufen	πουλάω
Verkehr	κίνηση, η
	κυκλοφορία, η
Verkehrspolizist	τροχονόμος, ο
Verkehrsverbindung	συγκοινωνία, η
verkehrt	ανάποδα
verlangen	απαιτώ
	επιθυμώ
	ζητάω
	ποθώ
Verlangen	λαχτάρα, η
verlassen	έρημος
verlegen	ντροπαλός
Verlegenheit	αμηχανία, η
verleihen	δανείζω
verliebt	ερωτευμένος
verlieren	χάνω
sich verloben	αρραβωνιάζομαι
Verlobter	αρραβωνιαστικός, ο
Verlust	ζημιά, η
vermehren	αυξάνω
vermieten	νοικιάζω
Vermögen	περιουσία, η
vermuten	υποπτεύομαι

vernebeln	θολώνω
vernichten	καταστρέφω
Vernunft	φρόνηση, η
veröffentlichen	δημοσιεύω
Verpflegung	τροφή, η
jem. verpflichten	υποχρεώνω
verpflichtet	υποχρεωμένος
Verpflichtung	υποχρέωση, η
	χρέος, το
Verräter	προδότης, ο
Verrat	προδοσία, η
verraten	προδίνω
verrückt	τρελός, παλαβός
verrückt machen	τρελαίνω
Verrücktheit	τρέλα, η
versammeln	συγκεντρώνω
Versammlung	συνέλευση, η
	συγκέντρωση, η
verschieden	διαφορετικός
verschiedene	διάφοροι
verschiedener Meinung sein	διαφωνώ
verschleudern	σπαταλάω
verschlingen	χάφτω
verschütten	χύνω
verschwinden	εξαφανίζομαι
aus Versehen	κατά λάθος
versenken	βυθίζω
	βουλιάζω
versichern	βεβαιώνω
Verspätung	καθυστέρηση, η
verspotten	κοροϊδεύω
versprechen	υπόσχομαι
sich verständigen	συνεννοούμαι
verstärken	ενισχύω
Verstand	νους, ο
	μυαλό, το
versteckt	κρυμμένος
verstehen	καταλαβαίνω
verstopfen	βουλώνω
verstreut	διάσπαρτος
versuchen	επιχειρώ
	δοκιμάζω
Versuchung	πειρασμός, ο
sich verteidigen	αμύνομαι
verteilen	μοιράζω
Vertrag	συμβόλαιο, το
Vertrauen	εμπιστοσύνη, η
vertreten	εκπροσωπώ
Vertreter	εκπρόσωπος, ο
verurteilen	καταδικάζω
vervielfältigen	πολλαπλασιάζω
vervollständigen	ολοκληρώνω
Verwaltung	διοίκηση, η
Verwaltungs-	διοικητικός
verwandt	συγγενής
Verwandte	συγγενείς, οι
verwechseln	μπερδεύω
verwirklichen	πραγματοποιώ
verwüsten	ρημάζω
verwunden	πληγώνω
	τραυματίζω
verzeihen	συγχωρώ
Verzeihung	συγγνώμη, η
Verzeihung!	με συγχωρείτε!
verzollen	φορολογώ
verzweifeln sein	απελπίζομαι
Verzweiflung	απελπισία, η
viel	πολύς
vielleicht	ίσως
	μήπως
	μπας και
viereckig	τετράγωνος
Viertel	τέταρτο, το
Villa	βίλλα, η.
Vitamine	βιταμίνες, οι
völlig (Adv.)	εντελώς
Vogel	πουλί, το
Volk	λαός, ο
volks-	λαϊκός
voll	γεμάτος
vollkommen	τέλειος
vollständig	τελείως
	πλήρης
von	από
vor	πριν
vorbeigehen	περνάω
vorbereiten	ετοιμάζω
	προετοιμάζω
vorbringen	προσφέρω
Vorfahre	πρόγονος, ο
vorführen	παρουσιάζω
Vorgesetzter	ανώτερος, ο
	προϊστάμενος, ο
vorgestern	προχτές
vorhaben	σκοπεύω
Vorhang	κουρτίνα, η
vorher	πριν, πρωτύτερα

vorläufig	προσωρινός
vorne	μπροστά
Vorort	προάστιο, το
Vorratsraum	αποθήκη, η
Vorschlag	πρόταση, η
vorschlagen	προτείνω
Vorsicht	προσοχή, η
vorsichtig	προσεχτικός
Vorsitzender	πρόεδρος, ο
vorstellen	παρουσιάζω
	συστήνω
sich vorstellen	φαντάζομαι
Vorstellung	παράσταση, η
Vorteil	πλεονέκτημα, το
Vortrag	διάλεξη, η
vorwärtsgehen, -kommen	προχωράω
vorziehen	προτιμάω

W

wach	ξύπνιος
wach sein	αγρυπνώ
Wache	φρουρός, ο
wachen	αγρυπνώ
Wachs	κερί, το
wachsen	αυξάνω
Wachstum	αύξηση, η
während	ενώ
	καθώς
währenddessen	εντωμεταξύ
Wärme	ζέστη, η
wärmen	ζεσταίνω
Waffe	όπλο, το
Waffen	άρματα, τα
wagen	τολμάω
Wagen	αμάξι, το
Wagon	βαγόνι, το
Wahlen	εκλογές, οι
Wahnsinn	μανία, η
	τρέλα, η
wahnsinnig	μανιασμένος
wahr	αληθινός
Wahrheit	αλήθεια, η
wahrnehmen	αντιλαμβάνομαι
wahrscheinlich	πιθανός
Waise	ορφανός, ο
Wald	δάσος, το
Walnuß	καρύδι, το
Wand	τοίχος, ο
wann?	πότε;
Wanze	κοριός, ο
warm	ζεστός
	θερμός
warm werden	ζεσταίνομαι
warten	περιμένω
	καρτερώ
warum?	γιατί;
was?	τι;
was (rel.)	ό,τι
Waschbecken	νιπτήρας, ο
waschen	πλένω
sich waschen	πλένομαι
Waschmaschine	πλυντήριο, το
Wasserhahn	βρύση, η
Watte	βαμβάκι, το
weben	υφαίνω
wechseln	αλλάζω
Wecker	ξυπνητήρι, το
weder...noch	ούτε...ούτε
Weg	δρόμος, ο
wegen	λόγω + Γεν.
weggehen -fahren	φεύγω
wegnehmen	αφαιρώ
wegwerfen	πετάω
wehe	αλίμονο
wehen	φυσάω
es weht	φυσάει
weiblich	θηλυκός
weich	μαλακός
weiden	βόσκω
sich weigern	αρνούμαι/ αρνιέμαι
Weihnachten	Χριστούγεννα, τα
weil	γιατί
	επειδή
	διότι
	αφού
Wein	κρασί, το
Weinberg	αμπέλι, το
weinen	κλαίω
Weinen	κλάμα, το
Weinstock	κλήμα, το
	κληματαριά, η
weise	σοφός

Weisheit	σοφία, η
weiß	άσπρος
weit weg	μακριά (από)
weiter	παρακάτω
(ver)welken	μαραίνω
Welle	κύμα, το
Welt	κόσμος, ο
sich wenden an	πλησιάζω
Wendung	στροφή, η
wenig	λίγος
wenigster	ελάχιστος
wenn	αν, άμα,
	σα(ν)
wenn (temp.)	όταν
wenn auch	αν και
wer?	ποιος;
wer (rel.)	όποιος
wer immer	όποιος
werden	γίνομαι
werfen	ρίχνω
Werk	έργο, το
Werkstatt	εργαστήρι, το
Werkzeug	εργαλείο, το
Wert	αξία, η
wert sein	αξίζω
Wesen	ουσία, η
wessen?	τίνος;
Westen	δύση, η
westlich	δυτικός
wetten	βάζω στοίχημα
Wetter	καιρός, ο
wichtig	σπουδαίος
	σημαντικός
widerrechtlich	παράνομος
widmen	αφιερώνω
wie	σα(ν)
	όπως
	καθώς
wie?	πώς;
wieder	ξανά
	πάλι(ν)
wiederholen	επαναλαμβάνω
wiederholt (Adv.)	επανειλημμένα
auf Wiedersehen!	καλή αντάμωση!
wiederum	πάλι(ν)
Wiege	κούνια, η
wiegen	ζυγίζω
Wiese	λιβάδι, το
wieviel?	πόσος; πόσο;
wild	άγριος
Wille	θέληση, η
wider Willen	με το ζόρι
Wind	αέρας, ο
Windel	πανί, το
Winter	χειμώνας, ο
wir	εμείς
Wirkung	ενέργεια, η
Wirtschaft	οικονομία, η
wirtschaftlich	οικονομικός
wissen	ξέρω
Wissenschaft	επιστήμη, η
Wissenschaftler	επιστήμονας, ο
Witwe	χήρα, η
Witz	αστείο, το
	ανέκδοτο, το
wo?	πού;
wo (rel.)	όπου, που
woanders(hin)	αλλού
Woche	βδομάδα, η
	εβδομάδα, η
Wochenende	Σαββατοκύριακο, το
wohin?	πού;
Wohlstand	ευημερία, η
wohnen	μένω
Wohnung	κατοικία, η
Wohnviertel	συνοικία, η
Wolf	λύκος, ο
Wolke	σύννεφο, το
Wolle	μαλλί, το
wollen	θέλω
Wort	λέξη, η
	λόγος, ο
	(Pl.: τα λόγια)
Wuchs	ανάστημα, το
wünschen	επιθυμώ
Würfel	κύβος, ο
Wüste	ερημιά, η
wütend werden	αγριεύω
wunde	πληγή, η
	τραύμα, το
Wunder	θαύμα, το
wunderbar	θαυμάσιος
sich wundern	απορώ
Wunsch	ευχή, η
	επιθυμία, η
	λαχτάρα, η
Wurm	σκουλίκι, το
Wurzel	ρίζα, η

Wut	οργή, η

Z

zählen	μετράω
zärtlich	τρυφερός
Zahl	αριθμός, ο
zahm	ήμερος
Zahn	δόντι, το
Zahnarzt	οδοντογιατρός, ο
Zahnbürste	οδοντόβουρτσα, η
zart	απαλός
	λεπτός
	τρυφερός
zauberhaft	μαγευτικός
Zeichen	σημάδι, το
zeigen	δείχνω
Zeile	γραμμή, η
Zeit	ώρα, η
	εποχή, η
	καιρός, ο
zeitgemäß	σύγχρονος
zeitgenössisch	σύγχρονος
Zeitschrift	περιοδικό, το
Zeitung	εφημερίδα, η
Zelten	κατασκήνωση, η
Zeltplatz	κατασκήνωση, η
Zentimeter	πόντος, ο
zentral	κεντρικός
zerbrechen	τσακίζω
zerdrücken	τσακίζω
zerknittern	τσαλακώνω
zerrreißen	σκίζω
zerstören	καταστρέφω
zerstreut	αφηρημένος
Zeuge	μάρτυρας, ο
Ziege	κατσίκα, η
ziehen	τραβάω
	σέρνω
es zieht	φυσάει
Ziel	σκοπός, ο
	στόχος, ο
	τέρμα, το
ziemlich (viel)	κάμποσος
Ziffer	νούμερο, το
Zigarette	τσιγάρο, το
Zikade	τζίτζικας, ο
Zimmer	δωμάτιο, το
Zins	τόκος, ο
zittern	τρέμω
Zitrone	λεμόνι, το
Zivilisation	πολιτισμός, ο
zögern	διστάζω
Zoll	τελωνείο, το
Zorn	οργή, η
zornig	θυμωμένος
zornig werden	θυμώνω
zu	σε
Zubereitung	εκτέλεση, η
Zucker	ζάχαρη, η
zudecken	σκεπάζω
zuerst	πρώτα
zufällig	τυχαία
Zufall	σύμπτωση, η
zufrieden	ευχαριστημένος
Zug (Eisenbahn)	τρένο, το
zugeben	ομολογώ
	παραδέχομαι
zugunsten von	υπέρ
Zukunft	μέλλον, το
zulassen	ανέχομαι
zunächst	πρώτα
Zunge	γλώσσα, η
zuraten	συμβουλεύω
zurückgeben	επιστρέφω
zurückkehren	γυρίζω
	γυρνάω
	επιστρέφω
zusammen	μαζί
Zusammenarbeit	συνεργασία, η
zusammenarbeiten	συνεργάζομαι
zusammendrängen	στριμώχνω
zusammenfallen	συμπίπτω
Zusammenstoß	σύγκρουση, η
Zuschauer	θεατής, ο
Zustand	κατάσταση, η
zustandebringen	καταφέρνω
zwei	δύο / δυο
Zweifel	αμφιβολία, η
	απορία, η
(be)zweifeln	αμφιβάλλω
Zweig	κλαδί, το
zweitens	δεύτερον
Zwieback	παξιμάδι, το
Zwiebel	κρεμμύδι, το
zwingen	αναγκάζω
zwischen	ανάμεσα
	μεταξύ

GRUNDGRAMMATIK

Da eine systematische Darstellung einer Grammatik nicht mehr der nach didaktischen Grundsätzen fortschreitenden Regeldarstellung im Lehrbuch folgt, ergeben sich zwischen der Darstellung in diesem und in jenem Buch zum Teil Unterschiede. Dabei werden in der hier vorliegenden Grammatik auch Erscheinungen berücksichtigt und in ein Gesamtsystem gestellt, die im Lehrbuch mehr am Rande oder gar nicht behandelt wurden. Trotzdem sollte, ähnlich wie beim «Grundwortschatz», eine «Grundgrammatik», nicht aber eine komplette synchronische Grammatik des Neugriechischen vorgelegt werden.
Diese Grundgrammatik beschränkt sich in großem und ganzen auf die Formenlehre des Neugriechischen und damit auf eine Nachschlagmöglichkeit des im Lehrbuch Teile 1 und 2 behandelten Formenstoffes. Dem Mangel an einer fundierten «Grammatik des Neugriechischen» (mit Einschluß der Laut- und Satzlehre), die sowohl wissenschaftlichen Ansprüchen genügt als auch den besonderen Belangen deutschsprachiger Griechischlerner Rechnung trägt, soll an anderer Stelle in naher Zukunft abgeholfen werden.
Unser besonderer Dank gilt unserem Kollegen und Freund Hans Ruge von der Universität Stockholm, der mit seiner Nygrekisk Språklära, Stockholm 1983, ein Arbeitsinstrument geschaffen hat, dem auch wir - mit seiner Erlaubnis - viel verdanken.
Inzwischen ist diese „Grammatik des Neugriechischen" von Hans Ruge im ROMIOSINI-Verlag, Köln 1986, erschienen.

Verwendete Abkürzungen:

N = Nominativ
G = Genitiv
A = Akkusativ
V = Vokativ

Sing. = Singular
Plur. = Plural

Stehen zwei Formen mit einem / getrennt nebeneinander, so ist beider Gebrauch üblich. Wird ein Laut durch ( ) eingeklammert, so steht dieser Laut in den im Lehrbuch angegebenen Fällen.

Der bestimmte Artikel

	Sing.			Plur.		
N	ο	η	το	οι	οι	τα
G	του	της	του	των	των	των
A	το(ν)	τη(ν)	το	τους	τις	τα

Der unbestimmte Artikel, zugleich «eins»

N	ένας	μία/μια	ένα
G	ενός	μίας/μιας	ενός
A	ένα	μία/μια	ένα

Die Deklination der Substantive

A Maskulina

1. auf -ος

N	άνθρωπος	γέρος	φωτογράφος	ουρανός
G	ανθρώπου	γέρου	φωτογράφου	ουρανού
A	άνθρωπο	γέρο	φωτογράφο	ουρανό
V	άνθρωπε	γέρο	φωτογράφε	ουρανέ
NV	άνθρωποι	γέροι	φωτογράφοι	ουρανοί
G	ανθρώπων	γέρων	φωτογράφων	ουρανών
A	ανθρώπους	γέρους	φωτογράφους	ουρανούς
	Mensch	Alte(r)	Photograph	Himmel

Anm.: Der Vokativ (Anredeform) endet also nur bei zweisilbigen Maskulina auf -o.
Gesonderte Anredeformen gibt es nur bei den Maskulina im Sing. In allen anderen Fällen (Maskulina Plural, Feminina, Neutra) stehen die Nominativformen auch als Anredeformen.

2. auf -ας
   a) Plural auf -ες

N	μάγειρας	πατέρας	άντρας
GAV	μάγειρα	πατέρα	άντρα
NAV	μάγειρες	πατέρες	άντρες
G	μαγείρων	πατέρων	αντρών
	Koch	Vater	Mann

b) Plural auf -άδες

N	ψαράς	μπάρμπας	τσέλιγκας
GAV	ψαρά	μπάρμπα	τσέλιγκα
NAV	ψαράδες	μπαρμπάδες	τσελιγκάδες
G	ψαράδων	μπαρμπάδων	τσελιγκάδων
	Fischer	Onkel(chen)	(Ober)Hirte

3. auf -ης
   a) Plural auf -ες (Sing. meist auf -της)

N	ναύτης	μαθητής
GAV	ναύτη	μαθητή
NAV	ναύτες	μαθητές
G	ναυτών	μαθητών
	Matrose	Schüler

b) Plural auf -ηδες

N	καφετζής	νοικοκύρης	φούρναρης
GAV	καφετζή	νοικοκύρη	φούρναρη
NAV	καφετζήδες	νοικοκύρηδες	φουρνάρηδες
G	καφετζήδων	νοικοκύρηδων	φουρνάρηδων
	Kaffeehauswirt	Hausherr	Bäcker

4. auf -ες und -ους

N GAV	καφές καφέ	παππούς παππού
NAV G	καφέδες καφέδων	παππούδες παππούδων
	Kaffee	Großvater

5. vereinzelte Maskulina auf -έας und -ης, Plural -εις

N GAV	κουρέας κουρέα	συγγενής συγγενή	πρέσβης πρέσβη	πρύτανης πρύτανη
NAV G	κουρείς κουρέων	συγγενείς συγγενών	πρέσβεις πρέσβεων	πρυτάνεις πρυτάνεων
	Friseur	Verwandter	Botschafter	Rektor (e. Universität)

B Feminina

1. auf -α
   a) Plural auf -ες

NA G	θάλασσα θάλασσας	ποιότητα ποιότητας	ώρα ώρας	ελπίδα ελπίδας	καρδιά καρδιάς
NA G	θάλασσες θαλασσών	ποιότητες ποιοτήτων	ώρες ωρών	ελπίδες ελπίδων	καρδιές καρδιών
	Meer	Qualität	Stunde	Hoffnung	Herz

Anm. Wie ελπίδα (Feminina auf -ίδα und -άδα) geht auch μητέρα - Mutter.

   b) Plural auf -αδες

NA G	γιαγιά γιαγιάς
NA G	γιαγιάδες γιαγιάδων
	Großmutter

2. auf -η

a) Plural auf -ες

NA	τέχνη	φωνή
G	τέχνης	φωνής
NA	τέχνες	φωνές
G	τεχνών	φωνών
	Kunst	Stimme

b) Plural auf -εις (Sing. meist auf -ς -η)

NA	ερώτηση	λέξη
G	ερώτησης/ερωτήσεως	λέξης
NA	ερωτήσεις	λέξεις
G	ερωτήσεων	λέξεων
	Frage	Wort

3. auf -ος

N	είσοδος	λεωφόρος	οδός
G	εισόδου	λεωφόρου	οδού
A	είσοδο	λεωφόρο	οδό
N	είσοδοι	λεωφόροι	οδοί
G	εισόδων	λεωφόρων	οδών
A	εισόδους	λεωφόρους	οδούς
	Eingang	Hauptstraße	Straße

4. auf -ου

NA	μαϊμού
G	μαϊμούς
NA	μαϊμούδες
G	μαϊμούδων
	Affe

C Neutra

1. auf -ι

NA G	παιδί παιδιού	τραγούδι τραγουδιού
NA G	παιδιά παιδιών	τραγούδια τραγουδιών
	Kind	Lied

2. auf -ο

NA G	πανεπιστήμιο πανεπιστημίου	τρένο τρένου	βουνό βουνού
NA G	πανεπιστήμια πανεπιστημίων	τρένα τρένων	βουνά βουνών
	Universität	Zug	Berg

Anm. Von den im Nom. Sing. auf der drittletzten Silbe betonten Neutra auf -ο behalten einige wenige im Gen. Sing. diese Betonung bei: NA σίδερο - Eisen, G σίδερου.

3. auf -ος

NA G	έδαφος εδάφους	λάθος λάθους
NA G	εδάφη εδαφών	λάθη λαθών
	Boden	Fehlen

4. auf -μα und -s -ιμο

NA G	γράμμα γράμματος	μάθημα μαθήματος	γράψιμο γραψίματος
NA G	γράμματα γραμμάτων	μαθήματα μαθημάτων	γραψίματα γραψιμάτων
	Brief	Unterricht, Lektion	Schreiben

5. Einzelne - «unregelmäßige» - Neutra

NA	G	NA	G	
γάλα	γάλατος	γάλατα		Milch
γεγονός	γεγονότος	γεγονότα	γεγονότων	Tatsache
καθεστώς	καθεστώτος	καθεστώτα	καθεστώτων	Regime
κρέας	κρέατος	κρέατα	κρεάτων	Fleisch
φως	φωτός	φώτα	φώτων	Licht
ενδιαφέρον	ενδιαφέροντος	ενδιαφέροντα	ενδιαφερόντων	Interesse
μέλλον	μέλλοντος			Zukunft
μηδέν	μηδενός			Nichts, Null
παν	παντός	πάντα	πάντων	All
παρελθόν	παρελθόντος			Vergangenheit
παρόν	παρόντος			Gegenwart
προϊόν	προϊόντος	προϊόντα	προϊόντα	Produkt
συμφέρον	συμφέροντος	συμφέροντα	συμφερόντων	Vorteil
φωνήεν	φωνήεντος	φωνήεντα	φωνηέντων	Vokal

Die Deklination der Adjektive

1. Adjektive auf -ος, -η/-α, -ο
   a) Feminina auf -η

	Sing.			Plur.		
καλός - gut						
N	καλός	καλή	καλό	καλοί	καλές	καλά
G	καλού	καλής	καλού	καλών	καλών	καλών
A	καλό	καλή	καλό	καλούς	καλές	καλά
V	καλέ	καλή	καλό	καλοί	καλές	καλά

μεγάλος - groß						
N	μεγάλος	μεγάλη	μεγάλο	μεγάλοι	μεγάλες	μεγάλα
G	μεγάλου	μεγάλης	μεγάλου	μεγάλων	μεγάλων	μεγάλων
A	μεγάλο	μεγάλη	μεγάλο	μεγάλους	μεγάλες	μεγάλα
V	μεγάλε	μεγάλη	μεγάλο	μεγάλοι	μεγάλες	μεγάλα

όμορφος - hübsch

N	όμορφος	όμορφη	όμορφο	όμορφοι	όμορφες	όμορφα
G	όμορφου	όμορφης	όμορφου	όμορφων	όμορφων	όμορφων
A	όμορφο	όμορφη	όμορφο	όμορφους	όμορφες	όμορφα
V	όμορφε	όμορφη	όμορφο	όμορφοι	όμορφες	όμορφα

b) Feminina auf -α

παλιός - alt

	Sing.			Plur.		
N	παλιός	παλιά	παλιό	παλιοί	παλιές	παλιά
G	παλιού	παλιάς	παλιού	παλιών	παλιών	παλιών
A	παλιό	παλιά	παλιό	παλιούς	παλιές	παλιά
V	παλιέ	παλιά	παλιό	παλιοί	παλιές	παλιά

ωραίος - schön

N	ωραίος	ωραία	ωραίο	ωραίοι	ωραίες	ωραία
G	ωραίου	ωραίας	ωραίου	ωραίων	ωραίων	ωραίων
A	ωραίο	ωραία	ωραίο	ωραίους	ωραίες	ωραία
V	ωραίε	ωραία	ωραίο	ωραίοι	ωραίες	ωραία

c) Feminina auf -ια

ξανθός - blond

	Sing.			Plur.		
N	ξανθός	ξανθιά	ξανθό	ξανθοί	ξανθές	ξανθά
G	ξανθού	ξανθιάς	ξανθού	ξανθών	ξανθών	ξανθών
A	ξανθό	ξανθιά	ξανθό	ξανθούς	ξανθές	ξανθά
V	ξανθέ	ξανθιά	ξανθό	ξανθοί	ξανθές	ξανθά

φρέσκος - frisch

N	φρέσκος	φρέσκια	φρέσκο	φρέσκοι	φρέσκες	φρέσκα
G	φρέσκου	φρέσκιας	φρέσκου	φρέσκων	φρέσκων	φρέσκων
A	φρέσκο	φρέσκια	φρέσκο	φρέσκους	φρέσκες	φρέσκα
V	φρέσκε	φρέσκια	φρέσκο	φρέσκοι	φρέσκες	φρέσκα

2. Adjektive auf -is, -iä, -i

a) -ύς, -ιά, -ύ

	Sing.			Plur.		
βαθύς - tief						
N	βαθύς	βαθιά	βαθύ	βαθιοί	βαθιές	βαθιά
G	βαθιού	βαθιάς	βαθιού	βαθιών	βαθιών	βαθιών
A	βαθύ	βαθιά	βαθύ	βαθιούς	βαθιές	βαθιά
V	βαθύ	βαθιά	βαθύ	βαθιοί	βαθιές	βαθιά

b) -ής, ιά, -ί

	Sing.			Plur.		
σταχτής - grau						
N	σταχτής	σταχτιά	σταχτί	σταχτιοί	σταχτιές	σταχτιά
G	σταχτιού	σταχτιάς	σταχτιού	σταχτιών	σταχτιών	σταχτιών
A	σταχτή	σταχτιά	σταχτί	σταχτιούς	σταχτιές	σταχτιά
V	σταχτή	σταχτιά	σταχτί	σταχτιοί	σταχτιές	σταχτιά

Ausnahme: πολή - viel

N	πολύς	πολλή	πολύ	πολλοί	πολλές	πολλά
G	[πολλού	πολλής	πολλού]	πολλών	πολλών	πολλών
A	πολύ	πολλή	πολύ	πολλούς	πολλές	πολλά

3. Adjektive auf -ης (Plur. -ηδες), -α, -ικο

	Sing.			Plur.		
ζηλιάρης - eifersüchtig						
N	ζηλιάρης	ζηλιάρα	ζηλιάρικο	ζηλιάρηδες	ζηλιάρες	ζηλιάρικα
G	ζηλιάρη	ζηλιάρας	ζηλιάρικου	ζηλιάρηδων	(ζηλιάρικων)	ζηλιάρικων
AV	ζηλιάρη	ζηλιάρα	ζηλιάρικο	ζηλιάρηδες	ζηλιάρες	ζηλιάρικα

4. Adjektive auf -ης, -ης, -ες

διεθνής - international

	Sing.			Plur.		
N	διεθνής	(διεθνής)	διεθνές	διεθνείς	διεθνείς	διεθνή
E	(διεθνούς)	(διεθνούς)	διεθνούς	διεθνών	διεθνών	διεθνών
A	διεθνή	διεθνή	διεθνές	διεθνείς	διεθνείς	διεθνή

δασώδης - waldig

	Sing.			Plur.		
N	δασώδης	(δασώδης)	δασώδες	δασώδεις	δασώδεις	δασώδη
G	(δασώδους)	(δασώδους)	δασώδους	δασωδών	δασωδών	δασωδών
A	δασώδη	δασώδη	δασώδες	δασώδεις	δασώδεις	δασώδη

5. (Seltene) Adjektive auf -ων, -ουσα, -ον (= altgriechisches Partizip Präsens Aktiv)

απών - abwesend

	Sing.			Plur.		
N	(απών)	απούσα	απόν	απόντες	απούσες	απόντα
G	(απόντος)	απούσας	απόντος	απόντων	(απουσών)	απόντων
A	απόντα	απούσα	απόν	απόντες	απούσες	απόντα

συμφέρων - nützlich

	Sing.			Plur.		
N	(συμφέρων)	συμφέρουσα	συμφέρον	συμφέροντες	συμφέρουσες	συμφέροντα
G	(συμφέροντος)	συμφέρουσας	συμφέροντος	συμφερόντων	συμφερουσών	συμφερόντων
A	συμφέροντα	συμφέρουσα	συμφέρον	συμφέροντες	συμφέρουσες	συμφέροντα

Anm. Vergleiche dazu die Substantivdeklination der Neutra 5.

Die Steigerung der Adjektive

	μικρός	μικρή	μικρό
Komparativ oder	πιο μικρός μικρότερος	πιο μικρή μικρότερη	πιο μικρό μικρότερο
Superlativ oder	ο πιο μικρός ο μικρότερος	η πιο μικρή η μικρότερη	το πιο μικρό το μικρότερο
Elativ oder	(πάρα) πολύ μικρός ελάχιστος	(πάρα) πολύ μικρή ελάχιστη	(πάρα) πολύ μικρό ελάχιστο

Zu beachten sind folgende Ausnahmen (angegeben sind nur die nicht zusammengesetzten Formen):

απλός	απλούστερος/	ο απλούστερος/απλούστατος		einfach
γέρος	γεροντότερος	ο γεροντότερος		alt
κακός	χειρότερος	ο χειρότερος /	χείριστος/ κάκιστος	schlecht
καλός	καλύτερος	ο καλύτερος /	κάλλιστος/ άριστος	gut
λίγος	λιγότερος	ο λιγότερος /	ελάχιστος	wenig
μεγάλος	μεγαλύτερος	ο μεγαλύτερος/	μέγιστος	groß
μικρός	μικρότερος	ο μικρότερος	ελάχιστος	klein
πολύς	περισσότερος	ο περισσότερος	[πλείστος]	viel

Die Adverbien:

Gewöhnlich auf -α: καλά
Ältere Bildung auf -ως, gewöhnlich aus Adjektiven auf -ης, -ης, -ες:

ευτυχώς	zum Glück	< ευτυχής
δυστυχώς	leider	< δυστυχής
ασφαλώς	sicher	< ασφαλής
ακριβώς	genau	< ακριβής

Zu beachten sind die Ausnahmen:

πολύ	< πολύς
λίγο	< λίγος
περισσότερο	< περισσότερος

Komparativ: πιο καλά / καλύτερα
ασφαλέστερα (Adjektive auf -ης, -ης, -ες)

Superlativ: άριστα / καλύτερα απ' όλους

Die Konjugation der Verben

I. sein, haben

bin	war	habe	hatte
είμαι	ήμουν	έχω	είχα
είσαι	ήσουν	έχεις	είχες
είναι	ήταν	έχει	είχε
είμαστε	ήμασταν	έχουμε	είχαμε
είστε	ήσασταν	έχετε	είχατε
είναι	ήταν	έχουν	είχαν

II. Die Verben auf -ω

A Aktiv

a) Präsensstamm

Indikativ*	Paratatikos	Futur	Imperativ
bin beim Schreiben	war beim Schreiben	werde beim Schreiben sein	sei beim Schreiben
γράφω	έγραφα	θα γράφω	
γράφεις	έγραφες	θα γράφεις	γράφε
γράφει	έγραφε	θα γράφει	
γράφουμε	γράφαμε	θα γράφουμε	
γράφετε	γράφατε	θα γράφετε	γράφετε
γράφουν	έγραφαν	θα γράφουν	

Partizip (feststehend): γράφοντας

* Der Konjunktiv des Präsensstamms ist mit dem Indikativ (+ να) identisch.

b) Aoriststamm

1) Aorist

Konjunktiv	Indikativ	Futur	Imperativ
(will) schreiben	schrieb habe geschrieben	werde schreiben	schreib
(να) γράψω γράψεις γράψει γράψουμε γράψετε γράψουν	έγραψα έγραψες έγραψε γράψαμε γράψατε έγραψαν	θα γράψω θα γράψεις θα γράψει θα γράψουμε θα γράψετε θα γράψουν	 γράψε γράψτε

2) «Perfekt»

Indikativ*	«Plusquamperfekt»	Futur
bin mit Schreiben fertig	war mit Schreiben fertig	werde mit Schreiben fertig sein
έχω γράψει έχεις γράψει έχει γράψει έχουμε γράψει έχετε γράψει έχουν γράψει	είχα γράψει είχες γράψει είχε γράψει είχαμε γράψει είχατε γράψει είχαν γράψει	θα έχω γράψει θα έχεις γράψει θα έχει γράψει θα έχουμε γράψει θα έχετε γράψει θα έχουν γράψει

* auch Konjunktiv (mit να)

B Reflexiv-Passiv

a) Präsensstamm

Indikativ*	Paratatikos	Futur
«bin beim Geschrieben-werden»	«war beim Geschrieben-werden»	«werde beim Geschrieben-werden sein»
γράφομαι γράφεσαι γράφεται γραφόμαστε γράφεστε γράφονται	γραφόμουν γραφόσουν γραφόταν γραφόμασταν γραφόσασταν γράφονται	θα γράφομαι θα γράφεσαι θα γράφεται θα γραφόμαστε θα γράφεστε θα γράφονται

Partizip (selten): γραφόμενος, γραφόμενη, γραφόμενο

* auch Konjunktiv (mit να)

b) Aoriststamm

1) Aorist

Konjunktiv	Indikativ	Futur	Imperativ
(will) geschrieben werden	wurde geschrieben, bin geschrieben worden	werde geschrieben werden	werde geschrieben
(να) γραφτώ	γράφτηκα	θα γραφτώ	
γραφτείς	γράφτηκες	θα γραφτείς	γράψου
γραφτεί	γράφτηκε	θα γραφτεί	
γραφτούμε	γραφτήκαμε	θα γραφτούμε	
γραφτείτε	γραφτήκατε	θα γραφτείτε	γραφτείτε
γραφτούν	γράφτηκαν	θα γραφτούν	

2) «Perfekt»

Indikativ*	«Plusquamperfekt»	Futur
bin geschrieben worden	war geschrieben worden	werde geschrieben (worden) sein
έχω γραφτεί	είχα γραφτεί	θα έχω γραφτεί
έχεις γραφτεί	είχες γραφτεί	θα έχεις γραφτεί
έχει γραφτεί	είχε γραφτεί	θα έχει γραφτεί
έχουμε γραφτεί	είχαμε γραφτεί	θα έχουμε γραφτεί
έχετε γραφτεί	είχατε γραφτεί	θα έχετε γραφτεί
έχουν γραφτεί	είχαν γραφτεί	θα έχουν γραφτεί

Partizip: γραμμένος, γραμμένη, γραμμένο - geschrieben
* auch Konjunktiv (mit να)

III. Zusammengezogene Formen im Indikativ Präsens Aktiv

gehe	sage	esse	höre
πάω	λέω	τρώω	ακούω
πας	λες	τρως	ακούς
πάει	λέει	τρώει	ακούει
πάμε	λέμε	τρώμε	ακούμε
πάτε	λέτε	τρώτε	ακούτε
πάνε	λένε	τρώνε	ακούνε

Paratatikos

(πήγαινα) έλεγα έτρωγα άκουγα

wie έγραφα

IV. Verben auf -άω, -άς und -ώ, -είς

A Aktiv Präsensstamm

α) αγαπάω - liebe

Indikativ	Paratatikos	Imperativ
αγαπάω / αγαπώ	αγαπούσα / αγάπαγα	
αγαπάς	αγαπούσες / αγάπαγες	αγάπα
αγαπάει / αγαπά	αγαπούσε /αγάπαγε	
αγαπάμε	αγαπούσαμε / αγαπάγαμε	
αγαπάτε	αγαπούσατε / αγαπάγατε	αγαπάτε
αγαπάν / αγαπάνε	αγαπούσαν / αγάπαγαν	

Partizip (feststehend): αγαπώντας

b) μπορώ - kann

Indikativ	Paratatikos	Imperativ
μπορώ	μπορούσα	
μπορείς	μπορούσες	—
μπορεί	μπορούσε	
μπορούμε	μπορούσαμε	
μπορείτε	μπορούσατε	χρησιμοποιείτε
μπορούν	μπορούσαν	

Partizip (feststehend): μπορώντας

B Reflexiv-Passiv Präsensstamm

α) αγαπιέμαι - werde geliebt

Indikativ	Paratatikos
αγαπιέμαι	αγαπιόμουν
αγαπιέσαι	αγαπιόσουν
αγαπιέται	αγαπιόταν
αγαπιόμαστε	αγαπιόμασταν
αγαπιέστε	αγαπιόσασταν
αγαπιούνται	αγαπιόνταν

b) διηγούμαι - erzähle

Indikativ	Paratatikos
διηγούμαι	διηγόμουν
διηγείσαι	διηγόσουν
διηγείται	διηγόταν
διηγούμαστε	διηγόμασταν
διηγείστε	διηγόσασταν
διηγούνται	διηγόνταν

c) φοβάμαι/φοβούμαι - fürchte mich

Indikativ	Paratatikos
φοβάμαι/φοβούμαι	φοβόμουν
φοβάσαι	φοβόσουν
φοβάται	φοβόταν
φοβόμαστε/φοβούμαστε	φοβόμασταν
φοβάστε	φοβόσασταν
φοβούνται	φοβόνταν

Alle andere Formen gehen wie die entsprechenden Formen von γράφομαι.

Die Aoristbildung im Aktiv

Angegeben wird jeweils der Indikativ Präsens, der Konjunktiv Aorist (ohne να), der Indikativ Aorist und die deutsche Bedeutung.

1. Verben deren Präsensstamm auf einen Vokal endet: > -σ-

ακούω	ακούσω	άκουσα	hören
ενισχύω	ενισχύσω	ενίσχυσα	verstärken

Zu beachten sind allerdings die unregelmäßigen Aoristbildungen:

πάω/πηγαίνω	πάω	πήγα	gehen
φυλάω	φυλάξω	φύλαξα	(be)wachen
λέω	πω	είπα	sagen
καίω	κάψω	έκαψα	brennen
κλαίω	κλάψω	έκλαψα	weinen
φταίω	φταίξω	έφταιξα	schuld sein
τρώω	φάω	έφαγα	essen

2. Verben, deren Präsensstamm auf -τ, -θ, -σ, -ζ endet: > -σ-

θέτω	θέσω	έθεσα	setzen, legen
νιώθω	νιώσω	ένιωσα	fühlen
αρέσω	αρέσω	άρεσα	gefallen
διαβάζω	διαβάσω	διάβασα	lesen

Zu beachten sind allerdings die leicht unregelmäßigen Aoristbildungen
a) auf -ξ-:

αλλάζω	αλλάξω	άλλαξα	ändern
κοιτάζω	κοιτάξω	κοίταξα	schauen
τρομάζω	τρομάξω	τρόμαξα	erschrecken
φωνάζω	φωνάξω	φώναξα	rufen
παίζω	παίξω	έπαιξα	spielen
(υπο)στηρίζω	(υπο)στηρίξω	(υπο)στήριξα	(unter)stützen

b) auf -λ-:

βάζω	βάλω	έβαλα	setzen, stellen
βγάζω	βγάλω	έβγαλα	herausziehen

3. Verben, deren Präsensstamm auf -π, -β, -φ, -αυ, -ευ bzw. -πτ, -φτ endet: > -ψ-

λείπω	λείψω	έλειψα	fehlen
λάμπω	λάμψω	έλαμψα	leuchten
ανάβω	ανάψω	άναψα	anzünden
κλέβω	κλέψω	έκλεψα	stehlen
γράφω	γράψω	έγραψα	schreiben
παύω	πάψω	έπαψα	aufhören
δουλεύω	δουλέψω	δούλεψα	arbeiten
ανακαλύπτω	ανακαλύψω	ανακάλυψα	enthüllen
βλάφτω	βλάψω	έβλαψα	schaden

Zu beachten sind allerdings die unregelmäßigen Aoristbildungen:

βλέπω	δω	είδα	sehen
πέφτω	πέσω	έπεσα	fallen

4. Verben deren Präsensstamm auf -κ, -γ, -χ bzw. -χν endet: > -ξ-

πλέκω	πλέξω	έπλεξα	stricken
διδάσκω	διδάξω	δίδαξα	lehren
ανοίγω	ανοίξω	άνοιξα	öffnen
σφίγγω	σφίξω	έσφιξα	drücken
τρέχω	τρέξω	έτρεξα	laufen
δείχνω	δείξω	έδειξα	zeigen
φτιάχνω	φτιάξω	έφτιαξα	machen

Zu beachten sind allerdings die unregelmäßigen Aoristbildungen:

βρίσκω	βρω	βρήκα	finden
φεύγω	φύγω	έφυγα	weggehen

5. Verben, deren Präsensstamm auf -ν endet:
Aoristbildungen auf
a) -σ-:

πιάνω	πιάσω	έπιασα	fassen
φτάνω	φτάσω	έφτασα	ankommen
δένω	δέσω	έδεσα	binden
κλείνω	κλείσω	έκλεισα	schließen
σβήνω	σβήσω	έσβησα	löschen
αφήνω	αφήσω	άφησα	lassen
λύνω	λύσω	έλυσα	lösen
ντύνω	ντύσω	έντυσα	anziehen

und alle Verben auf -ώνω wie

πληρώνω	πληρώσω	πλήρωσα	bezahlen

Zu beachten sind allerdings die unregelmäßigen Aoristbildungen:

αυξάνω	αυξήσω	αύξησα	erhöhen
δίνω	δώσω	έδωσα	geben
σωπαίνω	σωπάσω	σώπασα	schweigen
χορταίνω	χορτάσω	χόρτασα	satt werden

b) -ν-

κάνω	κάνω	έκανα	machen
περιμένω	περιμένω	περίμενα	warten
κλίνω	κλίνω	έκλινα	neigen
κρίνω	κρίνω	έκρινα	urteilen
διευκολύνω	διευκολύνω	διευκόλυνα	erleichtern

c) bloßer Stamm

καταλαβαίνω	καταλάβω	κατάλαβα	verstehen
μαθαίνω	μάθω	έμαθα	lernen
παθαίνω	πάθω	έπαθα	erleiden
πεθαίνω	πεθάνω	πέθανα	sterben

d) mit -ηκα Aorist

μπαίνω	μπω	μπήκα	hineingehen
βγαίνω	βγω	βγήκα	herausgehen
ανεβαίνω	ανεβώ	ανέβηκα	hinaufgehen
κατεβαίνω	κατεβώ	κατέβηκα	hinuntergehen

Zu beachten sind allerdings die unregelmäßigen Aoristbildungen:
(veränderter Aoriststamm)

παραγγέλνω	παραγγείλω	παράγγειλα	bestellen
στέλνω	στείλω	έστειλα	schicken

δέρνω	δείρω	έδειρα	schlagen
σέρνω	σύρω	έσυρα	ziehen
παίρνω	πάρω	πήρα	nehmen
φέρνω	φέρω	έφερα	bringen
ανασαίνω	ανασάνω	ανάσανα	atmen
πηγαίνω	πάω	πήγα	gehen
μένω	μείνω	έμεινα	bleiben
πίνω	πιω	ήπια	trinken
πλένω	πλύνω	έπλυνα	waschen

6. Verben der Konjugation auf -άω bzw. -ώ, -είς. Die gewöhnliche Aoristbildung: -ησ-

αγαπάω	αγαπήσω	αγάπησα	lieben

Daneben gibt es Aoristbildungen auf
a) -ασ-

γελάω	γελάσω	γέλασα	lachen
διψάω	διψάσω	δίψασα	Durst haben
πεινάω	πεινάσω	πείνασα	Hunger haben
κρεμάω	κρεμάσω	κρέμασα	aufhängen
χαλάω	χαλάσω	χάλασα	zerstören

und, mit Verlust des -ν- des Präsensstamms:

γερνάω	γεράσω	γέρασα	alt werden
κερνάω	κεράσω	κέρασα	spendieren
ξεχνάω	ξεχάσω	ξέχασα	vergessen
περνάω	περάσω	πέρασα	vorbeigehen

b) -εσ-

καλώ	καλέσω	κάλεσα	einladen
μπορώ	μπορέσω	μπόρεσα	können
παρακαλώ	παρακαλέσω	παρακάλεσα	bitten
πονάω	πονέσω	πόνεσα	Schmerzen haben
συγχωρώ	συγχωρέσω	συγχώρεσα	verzeihen

c) -αξ-

βαστάω	βαστάξω	βάσταξα	halten
κοιτάω	κοιτάξω	κοίταξα	schauen
πετάω	πετάξω	πέταξα	fliegen

d) -ηξ-

βουτάω	βουτήξω	βούτηξα	eintauchen
πηδάω	πηδήξω	πήδηξα	springen
ρουφάω	ρουφήξω	ρούφηξα	schlürfen
τραβάω	τραβήξω	τράβηξα	ziehen
φυσάω	φυσήξω	φύσηξα	blasen

Zu beachten ist auch die unregelmäßige Aoristbildung

μεθάω	μεθύσω	μέθυσα	sich betrinken

Die Aoristbildung im Reflexiv-Passiv

1. Verben, deren Präsensstamm auf einen Vokal oder auf -ζ, -θ endet: > -στ-

αποκλείομαι	αποκλειστώ	αποκλείστηκα	ausgeschlossen werden
ακού(γ)ομαι	ακουστώ	ακούστηκα	gehört werden
χρειάζομαι	χρειαστώ	χρειάστηκα	brauchen
χτενίζομαι	χτενιστώ	χτενίστηκα	sich kämmen
πείθομαι	πειστώ	πείστηκα	überzeugt werden

2. Verben, deren Präsensstamm auf -π, -β, -φ, -αυ, -ευ bzw. -πτ, -φτ endet: > -φτ- (-αυτ-, -ευτ-)

εγκαταλείπομαι	εγκαταλειφτώ	εγκαταλείφτηκα	verlassen werden
κρύβομαι	κρυφτώ	κρύφτηκα	sich verstecken
γράφομαι	γραφτώ	γράφτηκα	geschrieben werden
αναπαύομαι	αναπαυτώ	αναπαύτηκα	sich ausruhen
παντρεύομαι	παντρευτώ	παντρεύτηκα	heiraten
ανακαλύπτομαι	ανακαλυφτώ	ανακαλύφτηκα	entdeckt werden
βλάφτομαι	βλαφτώ	βλάφτηκα	geschädigt werden

Zu beachten sind allerdings die unregelmäßigen Aoristbildungen:

βλέπομαι	ειδωθώ	ειδώθηκα	sich sehen
κόβομαι	κοπώ	κόπηκα	sich schneiden
στρέφομαι	στραφώ	στράφηκα	sich drehen

3. Verben, deren Präsensstamm auf -κ, -γ, -χ bzw. -χν endet: > -χτ-

μπλέκομαι	μπλεχτώ	μπλέχτηκα	in Schwierigkeiten geraten
διδάσκομαι	διδαχτώ	διδάχτηκα	gelehrt werden
φυλάγομαι	φυλαχτώ	φυλάχτηκα	sich hüten vor
σφίγγομαι	σφίχτώ	σφίχτηκα	gedrückt werden
δέχομαι	δεχτώ	δέχτηκα	annehmen
διώχνομαι	διωχτώ	διώχτηκα	verfolgt werden

Dazu gehören auch einige Verben auf -ζ und -σσ, deren Aoriststamm im Aktiv auf -ξ endet:

κοιτάζομαι	κοιταχτώ	κοιτάχτηκα	sich ansehen
(υπο)στηρίζομαι	(υπο)στηριχτώ	(υπο)στηρίχτηκα	(unter)stützt werden
παίζομαι	παιχτώ	παίχτηκα	gespielt werden
εξελίσσομαι	εξελιχτώ	εξελίχτηκα	sich entwickeln

Zu beachten sind allerdings die unregelmäßigen Aoristbildungen:

βρίσκομαι	βρεθώ	βρέθηκα	sich befinden
βρέχομαι	βραχώ	βράχηκα	naß werden
στέκομαι	σταθώ	στάθηκα	stehen
λέγομαι	ειπωθώ	ειπώθηκα	heißen
καίγομαι	καώ	κάηκα	brennen
κλαίγομαι	κλαυτώ	κλαύτηκα	jammern

4. Verben, deren Präsensstamm auf -ν endet: > -θ-

κρίνομαι	κριθώ	κρίθηκα	beurteilt werden
ντύνομαι	ντυθώ	ντύθηκα	sich anziehen
χάνομαι	χαθώ	χάθηκα	sich verlieren
σηκώνομαι	σηκωθώ	σηκώθηκα	aufstehen

Zu beachten sind allerdings die unregelmäßigen Aoristbildungen:

πλένομαι	πλυθώ	πλύθηκα	sich waschen
αισθάνομαι	αισθανθώ	αισθάνθηκα	sich fühlen
δίνομαι	δοθώ	δόθηκα	gegeben werden
μαθαίνομαι	μαθευτώ	μαθεύτηκα	bekannt werden
πίνομαι	πιωθώ	πιώθηκα	getrunken werden
εκτείνομαι	εκταθώ	εκτάθηκα	sich erstrecken
πιάνομαι	πιαστώ	πιάστηκα	sich festhalten
κλείνομαι	κλειστώ	κλείστηκα	eingeschlossen werden
σβήνομαι	σβηστώ	σβήστηκα	gelöscht werden
ζεσταίνομαι	ζεσταθώ	ζεστάθηκα	sich wärmen
φαίνομαι	φανώ	φάνηκα	erscheinen

5. Verben, deren Präsensstamm auf -ιέμαι, -ούμαι oder -άμαι endet:
Die gewöhnliche Aoristbildung: -ηθ-

αγαπιέμαι	αγαπηθώ	αγαπήθηκα	geliebt werden
διηγούμαι	διηγηθώ	διηγήθηκα	erzählen
φοβάμαι	φοβηθώ	φοβήθηκα	sich fürchten

Daneben gibt es Aoristbildungen auf
a) -εθ-

βαριέμαι	βαρεθώ	βαρέθηκα	sich langweilen
παραπονιέμαι	παραπονεθώ	παραπονέθηκα	sich beschweren
στενοχωριέμαι	στενοχωρεθώ	στενοχωρέθηκα	deprimiert sein

b) -εστ-

αρκούμαι	αρκεστώ	αρκέστηκα	sich begnügen

c) -αστ-

γελιέμαι	γελαστώ	γελάστηκα	sich täuschen
ξεχνιέμαι	ξεχαστώ	ξεχάστηκα	sich vergessen

d) -αχτ-

πετιέμαι	πεταχτώ	πετάχτηκα	fliegen

e) -ηχτ-

τραβιέμαι	τραβηχτώ	τραβήχτηκα	gezogen werden

Die wichtigsten unregelmäßigen Verben

Um zugleich eine Nachschlagmöglichkeit bei nicht voller Beherrschung der Gesetzmäßigkeiten bei der Aoristbildung zu schaffen, ist der Begriff der «Unregelmäßigkeit» im folgenden eher großzügig zu Gunsten des Lesers ausgelegt. Das heißt, auch im strengen Sinn «fast» regelmäßige Aoristbildungen (Beispiel κοιτάζω-κοιτάξω-κοιταχτώ bzw. μπορώ-μπορέσω) sind hier aufgeführt, weil wir den Eindruck hatten, daß gerade die «fast» regelmäßigen Aoristbildungen oft der Nachhilfe bedürfen. Zusätzliches Kriterium für die Aufnahme mußte hier die Häufigkeit des Vorkommens sein.

Verzeichnet ist in der
1. Spalte: das griechische Verb und die deutsche Grundbedeutung.
2. Spalte: der Präsensstamm in der Reihenfolge und Anordnung:
      Paratatikos Aktiv
   Indikativ Präsens Reflexiv-Passiv
      Paratatikos Reflexiv-Passiv

Anm.: Nicht verzeichnete Formen lassen nicht auf deren Nichtexistenz, wohl aber auf deren selteneres Vorkommen schließen (Bsp.: χαίρομαι hat auch ein Aktiv χαίρω, das aber nur in der festen Redewendung χαίρω πολύ vorkommt).

3. Spalte: der Aoriststamm in der Reihenfolge und Anordnung:
   Konjunktiv Aorist Aktiv (ohne να)
      Indikativ Aorist Aktiv
   Konjunktiv Aorist Reflexiv-Passiv
      Indikativ Aorist Reflexiv-Passiv

Die Anm. zu Spalte 2 gilt entsprechend.

4. Spalte: der Imperativ Aorist Aktiv, nur soweit er von der Norm abweicht. Nicht aufgeführte Formen deuten also lediglich auf die regelmäßige Bildung hin. Gibt es eine solche Form nicht, steht dort ein Strich. In diesem Fall wird der Imperativ durch die entsprechenden Konjunktivformen ersetzt.

5. Spalte: Partizipien.
Das indeklinable Partizip des Präsens Aktiv («Gerundium»), soweit es von der Norm abweicht, und das deklinable Partizip des Perfekts Passiv, soweit die Form gebräuchlich ist.

Anm.: Bei ungewöhnlicher zweiter Form des Präsens Indikativ wird diese mit angegeben: ...καις, ...λες u.a.
Eingeklammerte Formen zeigen, daß diese nur selten vorkommen.

αναβάλλω		αναβάλω		
aufschieben	ανάβαλλα	ανάβαλα		
	αναβάλλομαι	αναβληθώ		
	αναβαλλόμουν	αναβλήθηκα		
ανασαίνω		ανασάνω		
atmen	ανάσαινα	ανάσανα		
ανεβαίνω		ανεβώ/ανέβω	ανέβα	
hinaufgehen	ανέβαινα	ανέβηκα	ανεβείτε	
αρέσω		αρέσω		
gefallen	άρεσα	άρεσα		
αυξάνω		αυξήσω		
vermehren	αύξανα	αύξησα		
	αυξάνομαι	αυξηθώ		
	αυξανόμουν	αυξήθηκα		
αφήνω		αφήσω	άφησε/άσε/ας	
lassen	άφηνα	άφησα	αφήστε/άστε	
	αφήνομαι	αφεθώ		
	αφηνόμουν	αφέθηκα		αφημένος
βάζω		βάλω		
setzen, stellen, legen	έβαζα	έβαλα		
	—	βαλθώ		
	—	βάλθηκα		βαλμένος
βγάζω		βγάλω		
herausnehmen	έβγαζα	έβγαλα		βγαλμένος
βγαίνω		βγω	έβγα/βγες	
hinausgehen	έβγαινα	βγήκα	βγείτε	
βλέπω		δω	δες	
sehen	έβλεπα	είδα	δείτε/δέστε	
	βλέπομαι	ειδωθώ		
	βλεπόμουν	ειδώθηκα		ειδωμένος

βρέχω		βρέξω		
naß machen	έβρεχα	έβρεξα		
naß werden	βρέχομαι	βραχώ		
	βρεχόμουν	βράχηκα		βρεμμένος
βρίσκω		βρω	βρες	
finden	έβρισκα	βρήκα	βρείτε/βρέστε	
sich befinden	βρίσκομαι	βρεθώ		
	βρισκόμουν	βρέθηκα		
γελάω		γελάσω		
lachen	γελούσα	γέλασα		
getäuscht	γελιέμαι	γελαστώ		
werden	γελιόμουν	γελάστηκα		γελασμένος
γερνάω		γεράσω		γερασμένος
alt werden	γερνούσα	γέρασα		
γίνομαι		γίνω		
werden	γινόμουν	έγινα		
δέρνω		δείρω		
schlagen	έδερνα	έδειρα		
	δέρνομαι	δαρθώ	(δάρσου)	δαρμένος
	δερνόμουν	δάρθηκα	δαρθείτε	
δίνω		δώσω	δωσ'/δώσε	
geben	έδινα	έδωσα	δώστε	
	δίνομαι	δοθώ		
	δινόμουν	δόθηκα		δοσμένος
διψάω		διψάσω		
Durst haben	διψούσα	δίψασα		διψασμένος
εκτείνω		εκτείνω		
ausstrecken	έκτεινα	έκτεινα		
	εκτείνομαι	εκταθώ		
	εκτεινόμουν	εκτάθηκα		

ενδιαφέρει		ενδιαφέρει		
es interessiert	ενδιέφερε	ενδιέφερε		
sich	ενδιαφέρομαι	ενδιαφερθώ		
interessieren	ενδιαφερόμουν	ενδιαφέρθηκα		ενδιαφερόμενος
εξελίσσομαι		εξελιχθώ		
sich entwickeln	εξελισσόμουν	εξελίχθηκα		εξελιγμένος
έρχομαι		έρθω/'ρθω	έλα	
kommen	ερχόμουν	ήρθα	ελάτε	
εύχομαι		ευχηθώ		
wünschen	ευχόμουν	ευχήθηκα		
ζεσταίνομαι		ζεσταθώ		
sich wärmen	ζεσταινόμουν	ζεστάθηκα		
θέλω		θελήσω		
wollen	ήθελα	θέλησα		θελημένος
κάθομαι				
(καθίζω)		καθίσω/κάτσω	κάθισε/κάτσε	
sitzen	καθόμουν	κάθισα/έκατσα	καθίστε	καθισμένος
καίω	καις	κάψω		
brennen	έκαιγα	έκαψα		καίγοντας
	καίγομαι	καώ		
	καιγόμουν	κάηκα		καμένος
καλώ		καλέσω		
einladen	καλούσα	κάλεσα		
	καλούμαι	καλεστώ		
		καλέστηκα		καλεσμένος
κάνω		κάνω/κάμω		
machen	έκανα	έκανα/έκαμα		καμωμένος
καταλαβαίνω		καταλάβω		
verstehen	καταλάβαινα	κατάλαβα		

κατεβαίνω		κατεβώ/κατέβω	κατέβα	
hinuntergehen	κατέβαινα	κατέβηκα	κατεβείτε	
κερνάω		κεράσω		
spendieren	κερνούσα	κέρασα		
	κερνιέμαι	κεραστώ		
	κερνιόμουν	κεράστηκα		κερασμένος
κλαίω	κλαις	κλάψω		κλαίγοντας
weinen	έκλαιγα	έκλαψα		
sich beklagen	κλαίγομαι	κλαυτώ		
	κλαιγόμουν	κλαύτηκα		κλαμένος
κόβομαι		κοπώ		
sich schneiden	κοβόμουν	κόπηκα		κομμένος
κοιτάζω		κοιτάξω		
schauen	κοίταζα	κοίταξα		
sich sehen	κοιτάζομαι	κοιταχτώ		
	κοιταζόμουν	κοιτάχτηκα		
λέγω/λέω	λες	πω	πες	λέγοντας
sagen	έλεγα	είπα	πείτε/πέστε	
	λέγομαι	ειπωθώ		
	λεγόμουν	ειπώθηκα		ειπωμένος
μαθαίνω		μάθω	μάθε	
lernen	μάθαινα	έμαθα	μάθετε	
	μαθαίνομαι	μαθευτώ		
	μαθαινόμουν	μαθεύτηκα		μαθημένος
μεθάω		μεθύσω		
sich betrinken	μεθούσα	μέθυσα		
μένω		μείνω		
bleiben	έμενα	έμεινα		
μπαίνω		μπω	μπες/έμπα	
hineingehen	έμπαινα	μπήκα	μπείτε	

μπορώ		μπορέσω	
können	μπορούσα	μπόρεσα	
ντρέπομαι		ντραπώ	
sich schämen	ντρεπόμουν	ντράπηκα	
ξέρω		—	
wissen	ήξερα	—	
ξεχνάω		ξεχάσω	
vergessen	ξεχνούσα	ξέχασα	
	ξεχνιέμαι	ξεχαστώ	
	ξεχνιόμουν	ξεχάστηκα	ξεχασμένος
παθαίνω		πάθω	
erleiden	πάθαινα	έπαθα	
παίζω		παίξω	
spielen	έπαιζα	έπαιξα	
	παίζομαι	παιχτώ	
	παιζόμουν	παίχτηκε	παιγμένος
παίρνω		πάρω	
nehmen	έπαιρνα	πήρα	
	παίρνομαι	παρθώ	
	παιρνόμουν	πάρθηκε	παρμένος
παραγγέλνω		παραγγείλω	
bestellen	παράγγελνα	παράγγειλα	
	παραγγέλνομαι	παραγγελθώ	
	παραγγελνόμουν	παραγγέλθηκα	
πεθαίνω		πεθάνω	
sterben	πέθαινα	πέθανα	πεθαμένος
πεινάω		πεινάσω	
Hunger haben	πεινούσα	πείνασα	πεινασμένος
περιμένω		περιμένω	
warten	περίμενα	περίμενα	

περνάω		περάσω		
vorbeigehen	περνούσα	πέρασα		περασμένος
πετάω		πετάξω		
fliegen	πετούσα	πέταξα		
eilen	πετιέμαι	πεταχτώ		πεταμένος
	πετιόμουν	πετάχτηκα		
πετυχαίνω		πετύχω		
erreichen	πετύχαινα	πέτυχα		πετυχημένος
πέφτω		πέσω		
fallen	έπεφτα	έπεσα		πεσμένος
πηγαίνω/πάω		πάω		
gehen	πήγαινα	πήγα		
πίνω		πιω	πιες	
trinken	έπινα	ήπια	πιείτε/πιέστε	πιωμένος
πλένω		πλύνω		
waschen	έπλενα	έπλυνα		
	πλένομαι	πλυθώ	πλύσου	
	πλενόμουν	πλύθηκα	πλυθείτε	πλυμένος
πονάω		πονέσω		
weh tun	πονούσα	πόνεσα		
προδίνω		προδώσω		
verraten	πρόδινα	πρόδωσα		
	προδίνομαι	προδοθώ		
	προδινόμουν	προδόθηκα		προδομένος
προφταίνω		προφτάσω		
erreichen	πρόφταινα	πρόφτασα		
σέρνω		σύρω		
ziehen	έσερνα	έσυρα		
	σέρνομαι	συρθώ		
	σερνόμουν	σύρθηκα		συρμένος

στέκομαι		σταθώ	στάσου	
stehen	στεκόμουν	στάθηκα	σταθείτε	
στέλνω		στείλω		
schicken	έστελνα	έστειλα		
	στέλνομαι	σταλθώ		
	στελνόμουν	στάλθηκα		σταλμένος
στρέφομαι		στραφώ		
sich drehen	στρεφόμουν	στράφηκα		
συμβαίνει		συμβεί		
es ereignet sich	συνέβαινε	συνέβη		
σωπαίνω		σωπάσω	σώπα/σώπασε	
schweigen	σώπαινα	σώπασα	σωπάτε/	
			σωπάστε	
τραβάω		τραβήξω		
ziehen	τραβούσα	τράβηξα		
τρέχω		τρέξω	τρέχα (Imperativ	
laufen	έτρεχα	έτρεξα	τρεχάτε Präsens)	
τρώω		φάω	φάε	
essen	έτρωγα	έφαγα	φάτε	
	τρώγομαι	φαγωθώ		
	τρωγόμουν	φαγώθηκα		φαγωμένος
τυχαίνω		τύχω		
treffen	τύχαινα	έτυχα		
υπάρχω		υπάρξω		
existieren	υπήρχε	υπήρξε		
υπόσχομαι		υποσχεθώ		
versprechen	υποσχόμουν	υποσχέθηκα		
φαίνομαι		φανώ		
scheinen	φαινόμουν	φάνηκα		

φέρνω		φέρω		
bringen	έφερνα	έφερα		
sich benehmen	φέρνομαι	φερθώ	φέρσου	
	φερνόμουν	φέρθηκα	φερθείτε	φερμένος
φεύγω		φύγω	φεύγα - φευγάτε	
weggehen			(Imper. Präsens)	
	έφευγα	έφυγα	φύγε/φύγετε	
φταίω	φταις	φταίξω		
schuld sein	έφταιγα	έφταιξα		
χαίρομαι		χαρώ		
sich freuen	χαιρόμουν	χάρηκα		
χαλνάω		χαλάσω		
kaputtmachen	χαλνούσα	χάλασα		χαλασμένος
χορταίνω		χορτάσω		
satt werden	χόρταινα	χόρτασα		χορτασμένος

Pronomina

A Personalpronomina

1. Person	schwach betont	stark betont	stark + schwach (pleonastischer Gebrauch)	
als Subjekt	im Verb enthalten	εγώ-**ich**		Sing
als Akk.-objekt	με	εμένα	εμένα με	
als Dativobjekt	μου	σε μένα	εμένα μου	
als Subjekt	im Verb enthalten	εμείς-**wir**		Plural
als Akk.-objekt	μας	εμάς	εμάς μας	
als Dativobjekt	μας	σε μας	εμάς μας	

2. Person

als Subjekt	im Verb enthalten	εσύ-**du**		Sing
als Akk.-objekt	σε	εσένα	εσένα σε	
als Dativobjekt	σου	σε σένα	εσένα σου	
als Subjekt	im Verb enthalten	εσείς-**ihr/Sie**		Plural
als Akk.-objekt	σας	εσάς	εσάς σας	
als Dativobjekt	σας	σε σας	εσάς σας	

3. Person

als Subjekt	im Verb enthalten	αυτός - **er** αυτή - **sie** αυτό - **es**		Singular
als Akk.-objekt	τον την το	αυτόν αυτήν αυτό	αυτόν τον αυτήν την αυτό το	

als Dativobjekt	του της του	σ' αυτόν σ' αυτήν σ' αυτό	αυτουνού του αυτηνής της αυτουνού του	Sing
als Subjekt	im Verb enthalten	αυτοί - **sie** αυτές - **sie** αυτά - **sie**		Plural
als Akk.-objekt	τους τις τα	αυτούς αυτές αυτά	αυτούς τους αυτές τις αυτά τα	
als Dativobjekt	τους τους τους	σ' αυτούς σ' αυτές σ' αυτά	αυτωνών τους αυτωνών τους αυτωνών τους	

B Possessivpronomina

Die schwach betonten enklitischen Formen:

	Sing.	Plur.
1. Person:	μου	μας
2. Person:	σου	σας
3. Person:	του της του	τους

In Gegensätzen, in Verbindung mit Präpositionen, bei stärkerer Betonung und in prädikatslosen Sätzen wird das Possessivverhältnis durch (ο) δικός, (η) δική/δικιά, (το) δικό verstärkt.
δικός... geht wie ein gewöhnliches Adjektiv auf -ος und ist im Kasus, Genus und Numerus mit dem Substantiv, dem es in der Regel vorangeht, kongruent.

Dazu gehören auch:

μόνος μου ich allein
ο εαυτός μου ich selbst

C Demonstrativpronomina

αυτός, αυτή, αυτό	dieser, der hier...
τούτος, τούτη, τούτο	der da... (seltener)
εκείνος, εκείνη, εκείνη	der dort...
τέτοιος, τέτοια, τέτοιο	so einer, solcher...
τόσος, τόση, τόσο	so viel, so sehr, so groß...

D Relativpronomina

Das häufigste Relativpronomen aller Genera ist που. Es ist aber nicht deklinierbar und steht deshalb ohne weiteren Zusatz meist nur als Nominativ.
Das deklinierte ο οποίος, η οποία, το οποίο ist für alle Kasus in Gebrauch.

Dazu gehören auch:

όσος, όση, όσο	so viel wie, alles was...
όποιος, όποια, όποιο	wer auch immer...
ό,τι	(das) was

E Fragepronomina

τι;	was?
τίνος;	wessen?
πόσος, πόση, πόσο;	wie viel, wie groß?
ποιος;	wer?
ποιος, ποια, ποιο;	welcher, welche, welches?

	Sing.			Plur.		
N	ποιος	ποια	ποιο	ποιοι	ποιες	ποια
G	ποιανού	ποιανής	ποιανού	ποιανών	ποιανών	ποιανών
A	ποιον	ποιαν	ποιο	ποιους	ποιες	ποια

F Indefinitpronomina

κανένας/κανείς καμιά/καμία κανένα (irgend)einer, jemand, man bzw. keiner, niemand

N	κανένας/κανείς	καμιά/καμία	κανένα
G	κανενός	καμιάς	κανενός
A	κανένα(ν)	καμιά/καμία	κανένα

κάποιος, κάποια, κάποιο	(irgend)einer, jemand
μερικοί, μερικές, μερικά	einige
κάτι	etwas
τίποτα/τίποτε	etwas bzw. nichts
κάθε (indeklinabel)	jeder
(ο) καθένας, (η) καθεμιά, (το) καθένα	jeder

N	καθένας	καθεμιά	καθένα
G	καθενός	καθεμιάς	καθενός
A	καθένα(ν)	καθεμιά	καθένα

Die Zahlen

Von den Grundzahlen werden dekliniert: 1, 3, 4 und ihre Komposita, und ab 200.
Zu «1» siehe oben: «unbestimmter Artikel».
3 und 4:

	3			4		
NA	τρεις	τρεις	τρία	τέσσερις	τέσσερις	τέσσερα
G	τριών	τριών	τριών	τεσσάρων	τεσσάρων	τεσσάρων

Die Zahlen von 200-1000 werden wie die gewöhnlichen Pluralformen der Adjektive dekliniert. Ab 2000 steht das Substantiv η χιλιάδα, ab 1.000.000 το εκατομμύριο. Die Ordnungszahlen werden wie die gewöhnlichen Adjektive dekliniert.

		Grundzahl	Ordnungszahl
α΄	1	ένας μια/μία ένα	πρώτος -η -ο
β΄	2	δυο/δύο	δεύτερος -η -ο
γ΄	3	τρεις τρεις τρία	τρίτος -η -ο
δ΄	4	τέσσερις τέσσερις τέσσερα	τέταρτος -η -ο
ε΄	5	πέντε	πέμπτος -η -ο
ς΄	6	έξι	έκτος -η -ο
ζ΄	7	εφτά/επτά	έβδομος -η -ο
η΄	8	οχτώ/οκτώ	όγδοος -η -ο
θ΄	9	εννιά/εννέα	ένατος -η -ο
ι΄	10	δέκα	δέκατος -η -ο
ια΄	11	έντεκα	ενδέκατος -η -ο
ιβ΄	12	δώδεκα	δωδέκατος -η -ο
ιγ΄	13	δεκατρείς δεκατρία	δέκατος τρίτος -η -η -ο -ο
ιδ΄	14	δεκατέσσερις δεκατέσσερα	δέκατος τέταρτος -η -η -ο -ο
ιε΄	15	δεκαπέντε	δέκατος πέμπτος -η -η -ο -ο
ις΄	16	δεκαέξι/δεκάξι	δέκατος έκτος -η -η -ο -ο
κ΄	20	είκοσι	εικοστός -η -ο
κα΄	21	είκοσι ένας είκοσι μία	εικοστός πρώτος -ή -η -ό -ο
λ΄	30	τριάντα	τριακοστός -ή -ό
μ΄	40	σαράντα	τεσσαρακοστός -ή -ό
ν΄	50	πενήντα	πεντηκοστός -ή -ό
ξ΄	60	εξήντα	εξηκοστός -ή -ό
ο΄	70	εβδομήντα	εβδομηκοστός -ή -ό
π΄	80	ογδόντα	ογδοηκοστός -ή -ό
ϙ΄	90	ενενήντα	ενενηκοστός -ή -ό
ρ΄	100	εκατό	εκατοστός -ή -ό
ρα΄	101	εκατόν ένας εκατό μία	εκατοστός πρώτος -ή -η -ό -ο
σ΄	200	διακόσιοι -ες -α	διακοσιοστός -ή -ό

τ΄	300	τριακόσιοι -ες -α	τριακοσιοστός -ή -ό
υ΄	400	τετρακόσιοι -ες -α	τετρακοσιοστός -ή -ο
φ΄	500	πεντακόσιοι -ες -α	πεντακοσιοστός -ή -ό
χ΄	600	εξακόσιοι -ες -α	εξακοσιοστός -ή -ό
ψ΄	700	εφτακόσιοι -ες -α	εφτακοσιοστός -ή -ό
ω΄	800	οχτακόσιοι -ες -α	οχτακοσιοστός -ή -ό
ϡ	900	εννιακόσιοι -ες -α	εννιακοσιοστός -ή -ό
͵α	1.000	χίλιοι -ες -α	χιλιοστός -ή -ό
͵β	2.000	δύο χιλιάδες	δισχιλιοστός -ή -ό
	1.000.000	ένα εκατομμύριο	εκατομμυριοστός -ή -ό
	1.000.000.000	ένα δισεκατομμύριο	δισεκατομμριοστός -ή -ό

Präpositionen

a) die häufigsten:

σε	in, an, auf, nach, bei, zu
από	von, aus, seit, ab, als (bei Vergleichen)
με	mit
για	für, über, als

b) die weniger häufigen:

αντί	anstatt
δίχως	ohne
κατά	gemäß, gegen... zu
μετά	nach (temporal)
μέχρι	bis
παρά	gegen, trotz
προς	gegen... zu
χωρίς	ohne
ως	bis, als (bei Vergleichen)

Alle genannten Präpositionen stehen mit dem Akkusativ, nur αντί und κατά in der Bedeutung «gegen» mit dem Genitiv.